Allgäu

Wolfhart Berg, überarbeitet von Birgit Chlupacek

MERIAN-TopTen

Höhepunkte, die Sie unbedingt sehen sollten

1 **Residenz Kempten**
Die fürstäbtlichen Prunkräume überwältigen mit edlem Stuck, Kristall und monumentalen Wandgemälden (→ S. 35).

2 **Tannheimer Tal**
Ein ganz besonderes Naturschutzgebiet, reizvoll zu allen Jahreszeiten (→ S. 46).

3 **Breitachklamm**
Bedeutendes Relikt der Eiszeit und faszinierendes »Naturschauspiel« (→ S. 48).

4 **Schloss Hohenschwangau**
Wohnschloss des Kronprinzen Maximilian von Bayern, im englischen Tudorstil aus den Resten einer Burg rekonstruiert (→ S. 58).

5 **Schloss Neuschwanstein**
Bayerns »Märchenkönig« Ludwig II. setzte mit diesem fantastischen Schloss bei Schwangau seinem Traum vom Rittertum ein Denkmal (→ S. 58).

6 **Kloster Irsee**
Das ehemalige Reichsstift bei Kaufbeuren ist heute ein Drehpunkt für Bildung, Kultur, Gastronomie und Braukunst (→ S. 64).

7 **Kartause Buxheim**
In reizvolle Landschaft eingebettet liegt das Kartäuserkloster nordwestlich von Memmingen (→ S. 76).

8 **Benediktinerkloster Ottobeuren**
Meisterwerk des Barock und größte Klosteranlage Deutschlands (→ S. 78).

9 **Heilig-Blutfest Bad Wurzach**
Die zweitgrößte Reiterprozession Mitteleuropas zieht alljährlich tausende Besucher und Wallfahrer an (→ S. 83).

10 **Altstadt Wangen**
Trutzig aber verspielt: Der mittelalterliche Stadtkern von Wangen gehört zu den schönsten in Bayern (→ S. 90).

MERIAN-Tipps ⇢
finden Sie auf Seite 128

Inhalt

MERIAN-TopTen
Höhepunkte im Allgäu, die Sie unbedingt sehen sollten
← S. 1

MERIAN-Tipps
Tipps und Empfehlungen für Kenner und Individualisten
S. 128 →

Erläuterung der Symbole

- *Für Familien mit Kindern besonders geeignet*
- *Diese Unterkünfte haben behindertengerechte Zimmer*
- *In diesen Unterkünften sind Hunde erlaubt*
- CREDIT *Alle Kreditkarten werden akzeptiert*
- *Keine Kreditkarten werden akzeptiert*

Preise für ein Doppelzimmer mit Frühstück in der Hauptsaison von Mai bis September:

●●●● *ab 200 €* | ●● *bis 150 €*
●●● *bis 200 €* | ● *bis 80 €*

Preise für ein Hauptgericht (ohne Getränke):

●●●● *ab 35 €* | ●● *bis 15 €*
●●● *bis 35 €* | ● *bis 7,50 €*

Karten und Pläne

Die Buchstaben-Zahlen-Kombinationen im Text verweisen auf die Planquadrate der Karten, z. B.

→ S. 114, B 2 Kartenatlas
→ S. 62, b 2 Detailkarte
→ Umschlagkarte hinten, a 1

Das Allgäu stellt sich vor

Die barocke Wallfahrtskirche St. Coloman, malerisch vor der Kulisse des Ammergebirges nahe Schwangau gelegen, ist nach dem gleichnamigen irischen Pilger und Märtyrer benannt. Alljährlich im Oktober findet hier ein großer Festumzug statt.

Historische Städte, traditionsbewusste und gastfreundliche Menschen, große grüne Hügel zwischen Bodensee und Neuschwanstein, dazu das Alpenpanorama …

Angeblich ist man im Allgäu, wenn »d' Schumpa scheener wia d' Fehla sind«. Das behaupten zumindest die Allgäuer selber – nicht ohne ein Augenzwinkern. Einem Gast sagt das wohl zunächst nichts, denn wer weiß schon, dass mit »Schumpa« die Jungkühe und mit »Fehla« junge Mädchen gemeint sind. Vielleicht soll es auch nur erklären, dass das Allgäu eine nicht ganz klare Gebietsbezeichnung ist, die in verschiedene Regionen reicht und nicht immer einheitlich definiert werden kann. So verliert man sich eben lieber in bildlich-plastischen Definitionen.

Oft wird das Allgäu auch als das »Zwitterland« zwischen Bayern und Schwaben bezeichnet. Zu Unrecht, denn die Region hat mit ihrer hügeligen Voralpenlandschaft und der ländlichen Bevölkerung einen durchaus eigenen Charakter. Vom Dialekt ganz zu schweigen ... Das Lexikon definiert das so: »Das Allgäu ist eine gebirgige Landschaft im südlichen Schwaben und den angrenzenden Teilen von Oberschwaben, Tirol und Vorarlberg, zwischen Bodensee und Lech. Im engeren Sinne ist es nur das Bayerische Allgäu.« Womit wir schon bei der Identitätsfrage wären.

Die leidige Schwabenfrage

Die Schwabenfrage scheint ja seit jeher ein unlösbares Problem der Identitäts- und Ortsbestimmung. Das betrifft besonders den Westen. Natürlich stimmt es, dass Teile des Allgäus in Baden-Württemberg liegen. Eine echte Grenzziehung nach Oberschwaben ist jedoch schwierig. In erster Linie streiten da wohl immer wieder die Heimatpfleger und Touristiker unter sich. Politisch gehören Lindau oder Wasserburg als Seezugang natürlich zu Bayern – und somit zum Allgäu. Die schönen Orte Wangen, Isny oder Leutkirch liegen jedoch schon im Schwäbischen und gehören nur geografisch zum Allgäu. Und dann die Nordgrenze: Wer in Memmingen oder Mindelheim Urlaub macht, befindet sich zwar politisch im Unterallgäu, für den »echten Bergallgäuer«, einen, der aus der Gegend zwischen Oberstdorf, Oberstaufen und Füssen stammt, liegt die absolute Allgäu-Nordgrenze natürlich bei Kempten, der kreisfreien Metropole der Region.

Die Ostgrenze ist relativ leicht zu ziehen – meint man. Der Verlauf des Lechs hilft dabei, doch auch hier greift gleich die Ausnahme, welche die Regel bestätigt: Schongau und der Auerberg, beide auf der linken Lechseite zu finden, gehören bereits zum oberbayerischen Landkreis Weilheim-Schongau. Da soll sich noch einer auskennen ...

Pragmatisch angegangen teilt man die Regionen am besten nach ihren charakterisierenden landschaftlichen Eigenschaften und besonderen Merkmalen: Das **Unterallgäu** mit Memmingen als Zentrum zeigt eine liebevolle, weiche Landschaft mit viel Nadel- und Mischwald sowie mit mehreren Flüssen, die durch weites Grasland fließen. Es ist auch die Heimat von Sebastian Kneipp, der aus Ottobeuren kam, und das Unterallgäu als Kurlandschaft berühmt machte. Das **Westallgäu** mit dem württembergischen Allgäu reicht bis nach Wangen und an den Bodensee und bietet mit seinen klaren Gewässern, blumenübersäten Wiesen, ruhigen Tälern und dem typischen Bauernland so ziemlich perfekt das kitschig-schöne Idealbild für Genusswanderer, Radler oder einfach Kururlauber.

Das **Ostallgäu** mit Kaufbeuren als historischem wie wirtschaftlichem Zentrum hat gleichfalls alles, was das Urlauberherz begehrt: die hügelige Moränenlandschaft um Marktoberdorf sowie die Terrassenfelder der

Iller-Lech-Platte, wunderbare Radelgebiete, die romantische Seenplatte um Füssen sowie das alpine Skiparadies zwischen Pfronten, Nesselwang und Schwangau. Dieser atemberaubenden Landschaft setzte der »Kini«, König Ludwig II., mit seinem Schloss Neuschwanstein noch die Krone aller Touristenattraktionen auf. Er wusste wie keiner um die Schönheit seiner heimatlichen Bergwelt.

Das **Oberallgäu** mit dem geschichtsträchtigen Kempten reicht vom österreichischen Kleinwalsertal (deutsches Zollanschlussgebiet), den Enklaven Jungholz und Tannheimer Tal, über Oberstdorf mit seinen rauschenden Bächen und herrlichen Tälern bis ins westliche Kurparadies Oberstaufen und ins idyllische Oy-Tal im Nordosten. Viel Schnee im Winter und reichlich Sonne über das ganze Jahr lassen hier nicht nur die Feriengäste aufleben. Auch Fauna und Flora gedeihen im Alpenland prächtig: Ausgedehnte Hecken von Alpenrosen lassen ganze Hänge in den schönsten Farben leuchten. Bussarde, Habichte und Steinadler kreisen über den Bergflüssen. Forellen und Äschen tummeln sich in glasklaren Gebirgsbächen, und Gämsen klettern über steile grasbewachsene Bergflanken.

Schon der »Reiseschriftsteller« Johann Wolfgang von Goethe wusste nicht nur die schwäbische Küche, sondern auch das Allgäuer Naturparadies zu preisen: »Lasst uns nach Schwaben fliehen. Denn rein und klar ist das Wasser, die Luft ist heiter und lieblich.« Da wir wissen, dass der kulturbeflissene Goethe von Weimar aus nur dorthin reiste, wo auch Klassik und Kultur zu spüren waren, musste davon auch damals schon im Allgäu viel vorzufinden gewesen sein. Merowinger oder Karolinger Einflüsse auf dieses Gebiet sind ebenso vorhanden wie die der Salier und vor allem der Staufer. Kirchen, Schlösser und Burgen – majestätisch auf einer Hügelkuppe thronend oder in kleinen Dörfern versteckt – zeugen von geistlicher und weltlicher Macht.

Während der Sommermonate sind Bergfeste vielerorts Tradition. Dann trifft man sich zu einem Umtrunk bei Brez'n, Rettich und Bier – natürlich in Tracht.

Die ganze Pracht, mit der sich Ludwig II. umgab, offenbart sich in der vergoldeten Kuppel des Thronsaals von Schloss Neuschwanstein.

Die Basilika von Ottobeuren genau wie die Schlösser Neuschwanstein und Hohenschwangau finden sich ganz oben auf der Besichtigungs-Skala der Urlauberscharen, die das Allgäu besuchen. Aber ebenso interessant ist ein Bummel durch die mittelalterlichen Gassen der vielen ehemaligen Allgäuer Reichsstädte. Die vier großen »K«, nämlich Kunst und Kuren, Kultur und (Spätzle-)Küche, haben einen mindestens ebenso hohen Freizeitwert wie die vier klassischen Feriensportarten Wandern, Skifahren, Bergsteigen und Radeln. Doch erst die Summe beider »Unterhaltungs-Blöcke« macht diese Region so attraktiv und einzigartig.

Einzigartig sind jedoch vor allem auch die Menschen. Ein Kritiker von außen, nämlich der Berliner Aufklärer und Wissenschaftler Friedrich Nicolai, charakterisierte nach einer Allgäu-Reise anno 1781 die Schwaben so: »Sie zeichnen sich verbreitet durch eine Gemächlichkeit, Zufriedenheit und Ruhe aus. Dabei ist eine gewisse Treuherzigkeit und ein unbefangenes, gutherziges, zuvorkommendes Wesen bei ihnen.« Dem ist auch anno 2006 nichts hinzuzufügen oder abzusprechen. Herzlichkeit und Gastfreundschaft bleiben augenfällig.

Eine nette Geschichte besagt hier, dass der liebe Gott sich in den Gebeten nur deshalb mit »Du« anreden lässt, damit auch seine Allgäuer mit ihrem Herrgott ins Gespräch kommen können. Wie fast immer, so steckt auch in dieser kleinen Anekdote ein wahrer Kern: Das »Du« gehört nämlich zu den überkommenen Umgangsformen, das »Sie« hat sich in dem bergigen Land der Bauern und Individualisten noch nicht durchgesetzt. So geben sich die Allgäuer manchmal mit der dritten Person gegenüber einem Urlauber Mühe, verfallen dann aber am Wirtshaustisch oder am Skilift doch wieder schnell ins »Du«. Oder in den Plural »Ihr«, auch wenn nur einer gemeint ist.

»So seba bei'eis« – »So sagt man bei uns.« Streng genommen benötigt man für den Allgäuer Dialekt ja ein Lexikon. Denn wenn der Allgäuer »d'Fehla aluaget«, schaut er sich nach hübschen Mädchen um. Beim »hudle« drängt es ihn zur Eile, wobei er sich dabei oft nur »d'Fies vrdabbe«, also die Füße vertreten muss. Wer soll das verstehen (→ Glossar, S. 108)!

»Rein ist das Wasser, heiter die Luft«

Der Allgäuer ist ein Gemütsmensch, ein Held war er noch nie. Oder haben Sie etwa in deutschen Geschichtsbüchern schon mal einen schwäbischen Heerführer oder General entdeckt? Mal abgesehen von den weltberühmten Sieben Schwaben, wo der »Blitzschwab«, der »Knöpfleschwab«, der »Seehase«, der »Spiegelschwab«, der »Gelbfüßler« und der »Nestleschwab« dem Siebten befahlen: »Allgäuer, gang Du voran ...«

Nein, der Allgäuer lebt und arbeitet redlich. Haupterwerbsquellen sind Landwirtschaft, Handwerk, Baumwoll- und feinmechanische Industrie und natürlich der Tourismus. Auf letzterem Gebiet gab es 1994 in der Sonthofener Gegend einen Rechtsstreit, der ein mildes Licht auf die Dickköpfigkeit der Bergbauern warf: Durch das Geläut von Kuhglocken fühlten sich einige Gäste gestört. Der verklagte Bauer legte gegen das Urteil Einspruch ein, und ein Allgäuer Politiker sprach ein Machtwort: »Kuhglocken sind wie Hahnenschrei eine landläufige Erscheinung.« Damit muss man also leben – wie mit den Allgäuer Kühen an sich. Aber schließlich sind die Viecher ja »scheener wia d' Fehla« ...

Das Allgäuer Rind ist ein graubraunes Gebirgsvieh mit hervorragender Milchleistung. Meist nur während der Zeit auf der Alpe bekommen die Tiere Glocken umgehängt.

Gewusst wo...

Bauernland: Während der Heuernte, hier bei Pfronten, wird das geschnittene Gras auf Holzstützen, so genannten Heuheinzen, zum Trocknen gehängt.

Das Allgäu ist schön und vielseitig. Es ist klassische Kurregion, Sport- und Aktivurlaubsziel oder Kurzurlaubsdestination. Dabei spielen auch Brauchtum und Kultur eine große Rolle.

Übernachten

Ankommen und verwöhnen lassen: Die Angebotspalette reicht von familiär oder urig bis luxuriös.

Bilderbuchidylle am Fuße der Allgäuer Alpen: Viele ehemalige oder noch bewirtschaftete Höfe bieten hübsche Quartiere zu vernünftigen Preisen an. Dabei muss trotz rustikaler Fassade Komfort nicht fehlen.

Attraktive Pauschalen

Was die Qualität und den Service der Hotels und Pensionen angeht, so zieht sich ein hoher, bemerkenswerter Standard durch das ganze Allgäuer Land. Über mittlerweile fast drei Millionen Gäste pro Jahr können nicht irren! Die meisten Übernachtungen werden mit Halb- oder Vollpension gebucht. Hauptsaison ist im Sommer von Ende Juli bis Anfang September, aber auch in den Skimonaten Mitte Dezember bis Anfang März. Letztlich hat das Allgäu für alle Geschmäcker und Wünsche etwas parat: für aktive Sportler und stille Genießer, für erholungsbedürftige Kneipp- und Kurgäste, für Eltern mit Kindern, Senioren oder Singles.

Fast schon als eine Fremdenverkehrsattraktion gilt das **Frühstück** im Allgäu. Besonders in den Familienpensionen oder bewirtschafteten Berghütten wird sehr üppig aufgetischt. Eine familien- und kinderfreundliche Variante der Gästeunterbringung ist der so genannte **Urlaub auf dem Bauernhof.** Im ganzen Allgäu gibt es zahlreiche Höfe, die sich mit Kühen, Schweinen, Pferden, Katz' und Maus auf Erholung suchende Städter eingestellt haben. Dabei wird etwa mit TV oder Duschbad in den Gästeapartments auch auf den Komfort für die Landurlauber geachtet. Das Ganze ist trotzdem recht preiswert. Gästewohnungen (für vier Personen) gibt es bereits zwischen 35 und 45 €. **Informationen** bei den Verkehrsämtern oder bei der **Anbietergemeinschaft Urlaub auf dem Bauernhof,** Adenauerring 97, 87435 Kempten; Tel. 08 31/2 66 87, Fax 1 79 34.

Eine andere attraktive Wohnvariante bieten die 55 so genannten **TopHotels** und **LandHotels**, eine Kooperation von privat geführten 3- bis 5-Sterne-Häusern, die sich besonders dem Thema Wellness widmen. Diese Hotels haben sich individuellen Service auf die Fahne geschrieben. Hotline Tel. 0 80 02/57 36 78 oder im Internet unter www.tophotels.de bzw. www.landhotels.de

Komfortable **Campingplätze** findet man nahe der Städte, an den Voralpenseen sowie in mittleren Berglagen. **Auskunft** gibt der **Tourismusverband Allgäu/Bayerisch-Schwaben** (→ S. 107). Wer noch mehr Natur und Nähe der Allgäuer Alpen sucht, kann von Ende Mai bis Anfang Oktober sein Haupt auch in einer der über 30 urigen Berghütten betten, die das Allgäu, das Kleinwalsertal und Tannheimer Tal zu bieten haben. Eine **Hüttenhotline** für die sieben größten »Wolkenhäuser« informiert über Belegung und Öffnungszeiten: Tel. 0 83 22/70 02 00. Jährlich neu gibt es den »Allgäuer Hüttenführer« (SL-Verlag, www.sl-verlag.de) sowie unter www.alpenverein.de die Broschüre »Mit Kindern auf Hütten« des DAV und OeAV, der beiden Alpenvereine.

Empfehlenswerte Hotels und andere Unterkünfte finden Sie jeweils bei den Orten im Kapitel »Unterwegs im Allgäu«.

MERIAN-Tipp

1 Hotel Jagdhof in Riezlern

Für Langschläfer und Wasserratten: Frühstück gibt es bis 12 Uhr, und wen es dann noch nicht gleich hinaus in das wunderbare, von Berggipfeln gekrönte Kleinwalsertal drängt, der verweilt im Erlebnishallenbad. Das Haus in ruhiger Lage im Zentrum von Riezlern trägt vier Sterne – und das zu Recht. Dabei schließt die einfallsreiche, gehobene Gastronomie einen kinderfreundlichen Service nicht aus.

Walserstr. 27, 87567 Riezlern;
Tel. 00 43/55 17/56 03, Fax 33 48;
www.jagdhof.de; 45 Zimmer
→ S. 117, F 11

Essen und Trinken

Spätzle mit Käse, Braten mit Bier oder Knödeln: Im Allgäu ist man bodenständig und isst gut.

Käse bis zur Decke: Die bekanntesten Spezialitäten sind der Allgäuer Bergkäse und der Allgäuer Emmentaler. In vielen Käsereien kann man bei der Herstellung zuschauen.

Die Mehltruhe ist nicht nur das Schatzkästlein der schwäbischen Kochkunst, auch im Allgäu greift man da gerne hinein. Die vier Ecken der Truhe symbolisieren dabei die vier anderen Elemente: Wasser, Eier, Schmalz und Milch. Daraus werden seit Generationen fantasievolle »Nudla« zubereitet – in Handarbeit und in jeder Geschmacksrichtung. Wer einmal Spätzle, »Knöpfle« oder Maultaschen probiert hat, der verwechselt Allgäuer Nudeln nie mehr mit italienischen Teigwaren.

Natürlich gibt es im Allgäu auch die Pizzeria, das chinesische Restaurant und den Fastfood-Hamburger. Aber wer die echte deftige Hausmannskost schmecken will, der gehe in die »Krone«, in den Gasthof »Zur Linde«, in den »Goldenen Adler« oder den »Hirsch« und wie sie sonst noch alle heißen. So manche heimelige Gaststube findet sich auch in den großen Hotels. Das Romantik-Hotel Sonne in Bad Hindelang (→ S. 45) etwa ist ein solches Haus, das darüber hinaus noch mit einer traumhaften Lage seinem Namen alle Ehre macht.

Das **Frühstück** ist reichhaltig, mit hausgemachten Marmeladen, Honig, Wurst, Käse und andere Milchprodukten sowie Eiern. In den größeren Hotels steht all das meist an einem Frühstücksbuffet zum Aussuchen. Mittags kann man manchmal schon ab 11.30 Uhr, sicher aber ab 12 Uhr in den Gasthöfen Platz nehmen, und man sollte spätestens um 13.30 Uhr seine Mahlzeit bestellt haben. Abends lassen sich in den Restaurants oftmals zwei Schichten der Tischbesetzung erkennen: Ab 18 Uhr treten die Familien mit kleinen Kindern an und ab 20 Uhr der Rest der Genusswelt.

Der gute alte und bekanntermaßen weit gereiste Goethe wusste natürlich auch schon, dass man im Allgäu wunderbar speisen kann. In seinem »Reineke Fuchs« erklärt er uns, warum: »Hilf Himmel, es findet sich süße Speise da und alles Gute in Fülle. Und man bäckt im Lande das Brot mit Butter und Eiern. Rein und klar ist das Wasser.« Dann also, »nit lange schwätze, probiere«, so würde der Allgäuer einladen.

Wem einmal **Maultaschen** im Mund zergangen sind, der weiß die lokalen Kochgeheimnisse sehr zu schätzen. In hauchdünnem Nudelteig versteckt der schlaue Allgäuer Brät und Spinat, um selbst an Fastentagen Fleisch essen zu können. Mehlspeisen über alles! Gefüllt oder nicht gefüllt. Da gibt es »Nudla«, Spätzle, »Knöpfle« und »Buabaspitzle«, »Fädle«, Maultaschen und Schupfnudeln. Allein die Namen machen schon Appetit! **Kässpätzle** sind der absolute Hit der Allgäuer Küche und weit über die Landesgrenzen hinaus bekannt. Damit Sie aber nicht zur Stoßzeit in

Keine Brotzeit ohne Emmentaler

MERIAN-Tipp

2 Ringhotel Traube

Bei Familie Schädler-Mittermeier muss man sich wohl fühlen. Das hat nicht nur mit dem Charme des 300-jährigen, mit grauen Schindeln und Fachwerk verzierten Hauses zu tun. In der Traube vereint sich Tradition mit Herzlichkeit und Fantasie. Letzteres zeigt sich in einer kreativen Speisekarte, auf der Sie Gerichte aus lokalen Produkten finden. Junges Berglamm oder heimisches Wild mit würzigen Kräutern und Saucen: traumhafter Gaumenkitzel. Die Desserts nicht zu vergessen ...!

Thalkirchdorf, 87534 Oberstaufen;
Tel. 0 83 25/92 00, Fax 9 20 39;
www.traube-thalkirchdorf.de;
30 Zimmer ●● CREDIT → S. 117, E 9

der Hauptsaison die ansonsten immer freundliche Frau Wirtin mit der Frage nach dem Geheimrezept überfallen müssen, hier das Rezept des »Spitzen-Schmankerls«: Sie brauchen 500 g Mehl, 3–4 Eier, etwas Wasser, 1 Teelöffel Salz, 200 g geriebenen Emmentaler, Butterschmalz und 2 Zwiebeln. Mehl, Eier, Wasser und Salz vermischen und schlagen, bis der Teig Blasen wirft. Nun kommt ein Gerät ins Spiel, das Sie vielleicht erst noch kaufen müssen: der Spätzlehobel. Mit ihm bzw. durch ihn hindurch wird der Teig in reichlich sprudelndes Salzwasser »gehobelt«. Nur einmal kurz aufwallen und nicht zu lange kochen lassen (sonst wird der Teig hart), dann abschöpfen. In eine vorgewärmte Schüssel schichten Sie nun lagenweise abwechselnd Spätzle und (den richtigen) geriebenen Käse. Dann einige Minuten in den auf ca. 175 °C vorgeheizten Backofen stellen, damit der Käse schmelzen kann. Abgebräunte Zwiebelringe darüber verteilen und servieren. Ein grüner Salat ist die perfekte Ergänzung zu diesem nahrhaften und sättigenden Mahl.

Ebenfalls sehr beliebt sind die **Krautkrapfen**. Hier wird der Nudelteig gewalkt und – wie bei einer Roulade – gefüllt mit Kraut, Speck und Hackfleisch gewickelt. Der **Wurstsalat** sei auch erwähnt. Im Optimalfall stammt er aus Biofleisch von der Kälber AG, einer großen Genossenschaft von einheimischen Bauern, die nach strengen Kriterien ihr Fleisch produzieren. In heutiger Zeit nicht unwichtig! Dieses einfache und doch schmackhafte Gericht bleibt im Allgäu ewig Kult und erfährt in so mancher gehobenen Variante ein gelungenes Revival.

Typische Allgäuer **Nachspeisen** sind die in heißem Schmalz frittierten »Pfosen« oder »Fensterküchle«. Auch

Bodenständige Gerichte wie die Schupfnudeln finden sich im Allgäu auf fast jeder Speisekarte. Die berühmten, köstlichen wie nahrhaften Teiggebilde kommen nicht nur im Dorfgasthaus auf den Tisch.

die Faschingskrapfen sind fett gebacken. Im Herbst erntet man die saftigen Pflaumen und Zwetschgen, halbiert sie und legt sie auf dünnen Hefeteig und dann in den Backofen. Fertig ist der »Datschi«!

Wer nicht richtig gefrühstückt hat, der nimmt auf der Wanderung oder zum Sport seine **Brotzeit** mit. Wer abends nicht im Restaurant üppig essen will, der packt am Nachmittag seine Brotzeit aus. Zeit dafür ist immer und überall. Man lässt sie sich von seiner Pensionswirtin einpacken, bestellt sie in einem Gasthof oder kauft sie selber ein, bevor es losgeht. Zu einer ordentlichen Brotzeit gehört natürlich frisches Brot, Wurst, Schinken oder verschiedene Allgäuer Bergkäse, Gurken, Tomaten und sonstiges kaltes Allerlei. Vor allem aber der Emmentaler!

Das Allgäu ist berühmt für seinen **Käse**. Zu Recht, wie man bei einem Ausflug zu einer der zahlreichen Sennereien schnell und genussvoll feststellen kann. Bergkäs', Emmentaler, Camenbert oder Weißlacker, alle Sorten werden nach traditioneller Art hergestellt. Die meisten Schaukäsereien verkaufen natürlich auch ihre Produkte vor Ort. Ein Tipp für Käseliebhaber: Begeben Sie sich auf die **Westallgäuer Käsestraße**. Zu Fuß oder per Rad lassen sich so viele urige Gaststätte und Sennereien im gesamten Westallgäu (→ S. 19) kennen lernen. Vermutlich werden Sie dort auch erfahren, wie die Löcher in den Käse kommen.

Eines ist das Allgäu nicht: großes Winzerland. Und dennoch trinkt man hier hervorragende Weine. Schließlich waren schon im Mittelalter die Schwaben – und speziell die Mönche – keine Kostverächter: Die großen Stifte von Kempten, Füssen oder Ottobeuren hatten früher ihre eigenen Weingüter im Italienischen oder am nahen Bodensee liegen. Und

Hier wird noch traditionell gearbeitet: Sennhütte bei Immenstadt.

es gibt ja auch noch ein gutes, würziges **Bier**. Viele kleine Allgäuer Brauereien bereiten streng nach dem Reinheitsgebot von 1516 nur aus dem klaren Bergwasser der Alpen, Malz, Hefe sowie aus dem guten Hopfen des Bodensee-Anbaugebietes einen hervorragenden Gerstensaft. Angeblich ist der ja in Maßen sogar gesund, fördert die Lebenslust und enthält zudem viele wertvolle Vitamine und Mineralstoffe. Brotzeitfans schwören übrigens auf diese Kombination: helles Lagerbier und »Obazda«, jenes legendäre Schmankerl aus reifem, weich gerührtem Camenbert, Zwiebel, Kümmel und Paprika. Und hinterher gibt's einen selbst gebrannten **Obstler**, superrein und hochprozentig.

Empfehlenswerte Restaurants und andere Lokale finden Sie jeweils bei den Orten im Kapitel »Unterwegs im Allgäu«.

Einkaufen

Ob Einkaufsmeile oder Dorfladen – Qualität und Service sind Allgäuer Markenzeichen.

Direktvermarktung: Wer vor Ort am Hof einkauft, kann sicher sein, dass Qualität und Preis stimmen. Manche Produkte werden auch nirgendwo anders angeboten.

Das größte Zentrum handwerklicher Kunst liegt in **Neugablonz** bei Kaufbeuren. Hier siedelten sich nach dem Krieg 13 000 Sudetendeutsche an und gründeten der Welt größte **Schmuckindustrie**: In über 500 Handwerksbetrieben werden vor allem Modeschmuck und Gebrauchsgläser hergestellt. In vielen Werkstätten kann man nicht nur bei der Arbeit zuschauen, sondern auch Produkte kaufen. Den schönsten Postkartenkitsch sowie alle möglichen »Kini«-(König Ludwig II.) Figuren erhält man natürlich rund um Füssen an den Souvenirständen der Königsschlösser (→ S. 58) Hohenschwangau und Neuschwanstein. In den meisten alpinen Urlaubsorten arbeiten noch **Herrgottschnitzer**. Sehr gute Schnitzer- und Glasbläser-Werkstätten findet man in **Hindelang**. Die »Mächler«, Tüftler und Bastler im Allgäu, fertigen aber auch wunderschöne Trachten, feste Bergschuhe, verzierte Lederhosen und stellen gute Kletterausrüstungen her. Nicht zu vergessen die handgewebten Teppiche und Filzhüte aus Mindelheim, Strohhüte aus Lindenberg und Kuhglocken aus Sonthofen.

Naturprodukte

Bekannte Naturprodukte, wie solche aus dem Legauer Rapunzel-Laden, sind als Mitbringsel nicht zu verachten. Weltberühmt ist natürlich der Allgäuer Emmentaler und so manch anderer Bergkäse aus einer dörflichen Sennerei. Besonders beliebt ist auch Imkerhonig, Edelschokolade sowie Hochprozentiges. Wer Urlaub auf dem Bauernhof macht, findet meist schnell die richtige Spur zum Kauf eines selbst gebrannten Obstlers. Am Bodensee sowie an den Seen rund um Füssen sind schmackhafte Räucherfische zu erwerben.

Öffnungszeiten

Die kleinen Geschäfte haben meist montags bis freitags von 9 bis 18 und samstags von 9 bis 13 Uhr geöffnet. In den Touristenzentren gibt es jedoch für alle Souvenirgeschäfte erweiterte Ladenschlusszeiten.

Westallgäuer Käsestraße

→ S. 117, D 9

Nachstehende Sennereien entlang der »Westallgäuer Käsestraße« verkaufen ihre Produkte, veranstalten Führungen oder »Schaukäsen« (telefonische Absprache wird empfohlen):

- **Sennereigenossenschaft Gestratz**
  88167 Gestratz; Tel. 0 83 83/5 59
- **Sennereigenossenschaft Grünenbach**
  88167 Grünenbach; Tel. 0 83 83/6 12
- **Sennereigenossenschaft Rutzhofen**
  88167 Mittelhofen; Tel. 0 83 84/5 80
- **Käserei Böserscheidegg**
  88175 Scheidegg; Tel. 0 83 81/8 34 56
- **Allgäuland-Käserei**
  88167 Schönau; Tel. 0 83 83/9 20 00
- **Sennereigenossenschaft Hopfen**
  88167 Stiefenhofen; Tel. 0 83 86/28 33
- **Käsereigenossenschaft Bremenried**
  88171 Weiler; Tel. 0 83 87/26 58

Empfehlenswerte Geschäfte und Märkte finden Sie jeweils bei den Orten im Kapitel »Unterwegs im Allgäu«.

MERIAN-Tipp

3 Kunsthandwerkermarkt in Kaufbeuren

Die meisten Handwerker lassen sich auf diesem großen Markt gerne auf die Finger schauen. Dutzende von kleinen Ständen sind auf dem Kirchplatz bei der St. Martinskirche aufgebaut. Nicht nur Goldschmiede, Keramiker und Schmuckdesigner zeigen hier ihr Können. Auch Weber, Kunstmaler, Herrgottschnitzer und Trachtenschneider dürfen bei ihrem Tun bewundert werden und verkaufen direkt vor Ort (2006 am 2. Sa und So im Mai von 11 bis 18 Uhr, Info www.kaufbeuren.de).

→ S. 62, a/b 2

Feste und Events

Von Bergmesse bis Funkenfeuer – die Allgäuer pflegen Brauchtum und Tradition mit Hingabe.

Beim Frundsbergfest, das alle drei Jahre in Mindelheim stattfindet, kehrt die Bevölkerung für zehn Tage ins Mittelalter zurück – ein Spaß für die ganze Stadt.

Schützen- und Feuerwehrfeste, Viehmärkte, Lichterprozessionen und Funkenfeuer, der berühmte **Viehabtrieb** (»Viehscheid«) sowie die Fasnacht, Wald- und Bergfeste und, und, und ... Das Allgäu pflegt die Tradition, feiert mit Genuss und viel Musik dazu. Das ganze Jahr über ist immer in irgendeinem Nachbardorf etwas los, eine Veranstaltung oder ein Volksfest. Und der gastfreundliche Allgäuer lässt alle mitfeiern! Dutzende Instrumentalgruppen, Jodlervereine und über 500 Blaskapellen geben dabei den Ton an.

Besonders bei den großen kirchlichen Festen wie etwa dem **Stefansritt** in Eisenharz bei Isny (am 2. Weihnachtsfeiertag) ziehen die Einheimischen gerne ihre Allgäuer Tracht an. Hinter dem Pfarrer formieren sich dann Bauern, Rossknechte und Zimmerleute zur Reiterprozession. Bekannt sind im Allgäu auch die **Funkenfeuer**, meist am ersten Fastensonntag. Ein weiteres beliebtes Spektakel ist das traditionelle »Scheibenschlagen«, bei dem unverheiratete Burschen glühende Scheiben in die Luft schleudern, um ihrer Auserwählten zu imponieren.

Alle Dorf- und Traditionsfeste sind sehr bodenständig angelegt. In jedem Fall sollten Sie sich in Ihrem Urlaubsort beim örtlichen Fremdenverkehrsamt über die genauen Termine unterrichten.

Januar

Dreikönigs-Umzüge

In verschiedenen Ortschaften des Allgäus am 6. Januar.

Februar

Schalenggenrennen

Immer am Faschingsdienstag sausen bei Pfronten 'zig Hörnerschlitten zu Tal. www.kappelar-schalenggar.de

Alemannische Fasnacht

Das Egga-Spiel in Sonthofen bietet alle drei Jahre (2006, 2009) am Sonntag vor dem Faschingsdienstag die sehenswertesten Umzüge. Mit Holzmasken (so genannten Schemen) verkleidete Burschen treiben die Hexe auf den Scheiterhaufen. Auch in Mindelheim, Oberstaufen, Marktoberdorf und Bad Wurzach sind die Fasnachtsumzüge viel besucht.

Funkenfeuer

Musik und Glühwein gehören zu diesem Brauch dazu: Ende Februar, am Sonntag nach Aschermittwoch, werden auf vielen Hügeln die Scheiterhaufen angezündet, um den Winter und das Böse zu vertreiben. Dabei wird eine auf einer langen Stange befestigte »Winterhexe« aus Stroh oder Lumpen verbrannt.

April

Georgiritt

Auf dem Auerberg bei Stötten, in Niederstaufen und in Steibis finden am Sonntag vor oder nach dem Georgstag die schönsten Georgiritte statt.

Kemptener Jazzfrühling

Ende April bis Anfang Mai finden sich in Kempten bei über 400 Musiker aus rund 20 Nationen zum großen Showdown ein.

Mai

Maibaum-Feste

Obwohl eigentlich eine urbayerische Tradition, feiert man inzwischen auch im Allgäu am 1. Mai das Aufstellen des Maibaums.

Juni

Wolfegger Konzerte

Am letzten Juniwochenende beehren international renommierte Künstler Schloss Wolfegg mit einem großen Konzertprogramm.

Juli

Heilig-Blutfest

Mit 1700 Reitern und mehr als 12 000 Wallfahrern und Besuchern ist dieses Fest in Bad Wurzach die zweitgrößte

Reiterprozession Mitteleuropas. Im Mittelpunkt der Veranstaltung steht die **Verehrung einer Heilig-Blut-Reliquie** (→ MERIAN-TopTen, S. 83) aus dem Privatbesitz von Papst Innocenz XII., der sie 1693 einem deutschen Rompilger schenkte. Die Feier findet immer am zweiten Freitag im Juli statt und beginnt frühmorgens mit einer Prozession. Danach folgt eine Predigt auf dem Gottesberg. Info: www.bad-wurzach.de

Memminger Fischertag

Am Wochenende vor Beginn der bayerischen Sommerferien startet das berühmte Stadtfest von Memmingen, das von alters her ursprünglich auf die jährliche Reinigung des Stadtbaches zurückgeht. Am Freitag um 18 Uhr ruft der Büttel auf dem Marktplatz den Fischertag aus. Am Samstag in aller Herrgottsfrüh' ziehen die Fischer in ihren Trachten und mit ihren »Bären« (Gabelnetzen) zum Schrannenplatz. Dabei singen sie immer wieder: »Schmotz, Schmotz, Dreck auf Dreck, Schellakönig, wüste Sau.« Um 8 Uhr früh kracht dann der Böller, und die Fischer sowie andere kostümierte Bürger springen in den Stadtbach. Wer die schwerste Forelle gefangen hat, der wird vor dem Rathaus zum Fischerkönig gekürt. Den Termin erfahren Sie beim Verkehrsamt Memmingen, Tel. 0 83 31/85 01 72.

Festlicher Reiterumzug bei St. Coloman.

Frundsbergfest

Alle drei Jahre im Juli feiern die Mindelheimer das Andenken an ein großes Rittergeschlecht.

www.frundsbergfest.de

August

Allgäuer Festwoche Kempten

Jährlich stattfindende Wirtschaftsausstellung mit Shows und Kulturevents.

Mitte August; www.festwoche.com

Freischießen in Obergünzburg

Das älteste Schützen- und Volksfest im bayerischen Allgäu.

Am letzten Sonntag des Monats

September

Viehscheid

Der Alpabtrieb der Milchkühe wird in vielen Ortschaften mit Trachtenumzügen gefeiert. Der überaus festliche Termin lockt alljährlich tausende von Menschen zum Zuschauen.

Anfang bis Ende September

Alphornbläsertreffen

Verschiedene Veranstaltungen, z. B. im Juli am Fellhorn, im August in Sonthofen und in Burgberg, im September in Oberstdorf und im Kleinwalsertal (→ MERIAN-Spezial, S. 50/51).

Oktober

Colomansfest

Am 2. Sonntag im Oktober versammeln sich Pferde und Reiter für diesen traditionsreichen Umzug an der Kirche St. Coloman bei Schwangau.

Dezember

Weihnachts- und Christkindlmärkte

Christbaumschmuck, Schnitzereien und weihnachtliche Chöre beherrschen das Bild; besonders schön in Immenstadt, Isny, Marktoberdorf, Memmingen, Oberstdorf, Wangen und Weiler-Simmersberg.

Sport und Freizeit

Wandern im Sommer, dazu ruhige Seen und perfekte Greens. Im Winter locken Pisten und Loipen.

Freizeit und Sport haben im Allgäu das ganze Jahr über einen hohen Stellenwert. Die Vielzahl an Möglichkeiten macht es dem Urlauber leicht, sein Terrain zu finden.

Lassen wir mal Trimm-Dich-Pfade, Eisstockschießen, Minigolfanlagen oder Eiskunstlauf beiseite – das gibt's natürlich auch. Doch den Ruf, »Freizeit-Region Nr. 1« in Deutschland zu sein, den hat sich das Allgäu vor allem durch naturschöne Wanderpfade, tausende Kilometer gut angelegter Radlwege, unzählige Langlauf-Loipen und hervorragende Skipisten für Winterurlauber erworben.

Hinzu kommt eine **perfekte sportliche Infrastruktur**: Jeder bekannte Urlaubsort hat sein Hallenschwimmbad, seine Tennisanlage, ein Freibad, einen Reitstall und mindestens einen Fluss zum Angeln oder einen See zum Baden bzw. Segeln zu bieten.

Alle notwendigen Daten, Adressen und Preise über die vielfältigen Sportmöglichkeiten erhalten Sie in jedem der über 100 Allgäuer Verkehrsvereine. Vorabinfos gibt es beim:

Tourismusverband Allgäu/Bayerisch-Schwaben
Fuggerstr. 9, 86150 Augsburg; Tel. 08 21/4 50 40 10, Fax 45 04 01 20; www.bayerischschwaben.de

Angeln

Mit 26 sauberen Seen, acht klaren Flüssen und unzähligen Gebirgsbächen und Weihern kann das Allgäu aufwarten. Das bedeutet vielseitigen Fischreichtum satt: vom Aal, Döbel und Äsche in der Wertach, Forelle (Lech und Ostrach), Schleie, Barsch oder Hecht (Iller), Karpfen (Riedsee), Renke (Forggensee) und Waller (Sonthofener See) bis hin zu Brachse, Rotauge oder Zander im Großen Alpsee bei Immenstadt. Saison ist von Anfang Mai bis Ende November. Tages- oder Monatsangelscheine erhält man in den örtlichen Verkehrsämtern oder Sportgeschäften.

Baden

Allgäuer Wald- und Bergseen haben sauberstes Wasser. An den größeren Seen (Alp-, Bannwald-, Forggen-, Grünten-, Hopfen- und Weißensee) gibt es Badeanstalten. In jedem Kurort findet man darüber hinaus beheizte Frei- und Hallenbäder.

Ballonfahren

Das Allgäu ist luftfahrtbegeistert aus Tradition: Der Ottobeurer Benediktinerpater Ulrich Schiegg ließ schon anno 1784 vom Klosterhof aus einen 4 m dicken Heißluftballon starten. Heutzutage bieten u. a. Röthenbach (Tel. 0 83 84/12 43), Sonthofen (Tel. 0 83 21/70 91), Seeg (Tel. 0 83 64/98 60 68) oder Steingaden (Tel. 0 88 62/93 24 24) »Bahnhöfe« für Ballonfahrten an.

Bergsteigen

Die abwechslungsreiche Nagelfluhkette, eine Bergkette am Nordrand der Allgäuer Alpen, bietet Herausforderungen für alle alpinen Spielarten. Natürlich sind auch einfache, gemütliche Wanderungen möglich (→ Routen und Touren, ab S. 94). Viele Bergsteiger-Schulen veranstalten Kurse für Jung und Alt, für Anfänger und Fortgeschrittene. Touren und Gruppen werden von den Bergführern erst nach eingehenden Gesprächen zusammengestellt. Oder man geht Probekraxeln in einem Hochseilgarten (→ MERIAN-Tipp, S. 26). Insgesamt warten mehr als 200 km Berglandschaft, davon 60 km zusammenhängende Höhenwege, die die Hauptgipfel des Allgäuer Hochgebirges verbinden, auf begeisterte Alpinisten. Genussvolle Themenwege, wie der Maximiliansweg, der Ostallgäuer Höhenweg oder die Hörner-Tour, bieten aussichtsreiche Abwechslung (Lesetipp: Magazin BERGE, Allgäuer Alpen, Nr. 95 und 1/2003, Olympia Verlag Nürnberg).

Drachen-/Gleitschirmfliegen

Die einheimischen Bergführer waren die Ersten, die im Allgäu das Gleitschirmfliegen erprobten. Heute hat es sich zum Trendsport entwickelt. Gehfaule Paraglider fahren mit der

MERIAN-Tipp

4 Kletterwald Bärenfalle

In diesem Wald erlebt man unvergessliche Stunden. Das Areal liegt neben der gleichnamigen bewirtschafteten Berghütte und lockt Familien, Schulklassen oder Betriebe gleichermaßen. Alle suchen das ultimative Erlebnis in luftiger Höhe. Eingegurtet in Klettersteigausrüstung, mit Helm gesichert, turnen Sie durch verschiedene Parcours von unterschiedlichem Schwierigkeitsgrad in bis zu zwölf Meter Höhe. Erreichbar zu Fuß (1 Std.) oder mit der Seilbahn vom Großen Alpsee bei Immenstadt (Tel. 0 83 25/3 89; www.hochseilgarten-baerenfalle.de). S. 117, F 9

Bergbahn zum Gipfel, holen den Gleitschirm aus dem Rucksack und segeln dann entspannt hinunter. Gute Schulen befinden sich in Schwangau und Sonthofen. Für die hohe Kunst des Drachenfliegens gibt es in Rieden am Forggensee, Sonthofen, Marktoberdorf und Obermaiselstein entsprechende Schulen. Das größte Drachenflugzentrum des Allgäu liegt am Tegelberg bei Schwangau. Der Hit für Flugaspiranten oder als einmaliges Geschenk: ein Tandemflug mit dem Fluglehrer (ca. 120 €).

Eislauf

Kunsteisbahnen gibt es viele, unter anderem in Sonthofen, Tel. 0 83 21/ 61 53 14, und in Bad Wörishofen, Tel. 0 82 47/96 90 40.

Golf

Trotz der hügeligen Allgäuer Landschaft gibt es sie, die so genannten Greens: insgesamt über zwei Dutzend 9- oder 18-Loch-Plätze, für Spitzengolfer oder Anfänger, sogar für Kinder ist etwas geboten. Besonders schön sind die in Schwangau, Tel. 0 83 62/98 30 41, in Oberstaufen-Steibis, Tel. 0 83 86/85 29 und in Oberstdorf, Tel. 0 83 22/28 95.

Gymnastik

Früher sah nur der Pfarrer Kneipp in Bad Wörishofen die Einheit von gesundem Geist, Körper und Seele. Heute haben sich diese ganzheitliche Philosophie fast alle großen Urlaubsorte des Allgäu ins Freizeitprogramm geschrieben. Für die Feriengäste gibt es täglich Gymnastikkurse, Fitness-Lehrgänge und/oder Konditionstraining. Im Sommer im Freien, oft auf dem grünen Rasen vor dem Kurhaus. Im Winter meist im Kurbad oder der örtlichen Turnhalle. Auch Trends wie Nordic Walking, ursprünglich als Sommertraining für Langlauf-Profis entwickelt, wird vielerorts unter fachkundiger Anleitung oder in Gruppen angeboten. Der größere Nordic Walking Parcours befindet sich in Oberstaufen, die höchste Strecke auf dem Nebelhorn bei Oberstdorf.

Kanu und Kajak

Je wilder desto besser: In Allgäuer Gebirgsflüssen können Kajak-Fahrer ihre »Eskimorolle« üben. Kanuten finden auf Lech und Iller ihr Revier.

Radtouren

Es stehen einige tausend Kilometer Radwege zur Verfügung. Genug, um für alle etwas zu bieten: Zumeist flach und familientauglich verläuft der Illerradweg über 152 km von Oberstdorf nach Ulm, hügelig hingegen ist die Allgäuer Käsestraße. Von Lindau bis Schwangau rollt man über 136 km auf dem Bodensee-Königssee-Radweg. Alle Routen sind gut beschildert und haben radlerfreundliche Einkehrmöglichkeiten. Kombinierte Touren auf eigens markierten Wegen, z. B. die Dampflokrunde bei Marktoberdorf, bietet die Deutsche Bahn (kostenlose Broschüre »Bahn & Bike«). Viele Verkehrsvereine geben spezielle Radkarten aus und haben eigene Fahrradverleihstationen.

Reiten

Über 60 Allgäuer Ortschaften können mit einem Reitstall inklusive Unterricht und Ausritten aufwarten. Info bei den jeweiligen Tourismusbüros.

Ski- und Langlauf

Als schneesicheres Winterurlaubsland mit moderner Infrastruktur hat das Allgäu viel zu bieten. In den Allgäuer Alpen mit dem Kleinwalsertal, dem Tannheimer Tal und Jungholz bilden traditionell Ski alpin sowie Langlauf den Schwerpunkt. Saison ist von Dezember bis März. Skipässe ab ca. 17 €/Erw. (Grünten u. Mittag) bis 33 €/Erw. (Oberstdorf). Die »Allgäu-Walser-Card«, eine gratis Gästekarte, verschafft viele Ermäßigungen (→ S. 110). Eine Hotline für das Winterwetter gibt es beim Wetteramt Oberstdorf, Tel. 0 83 22/7 00-2 00.

Tennis

Viele Hotels haben ihre eigenen Tennisanlagen. Beinahe in jedem Ferienort gibt es neben offenen Plätzen auch Hallentennis für die Winterzeit.

Wandern

Die meisten Ferienorte organisieren geführte Bergwanderungen. In Pfronten, Oberstdorf, Fischen und Hindelang gibt es sogar rollstuhlgerechte Wanderwege. Zahlreiche Bergbahnen erleichtern den Anstieg.

Beliebt sind Fernwanderwege, von denen unter anderem folgende durchs Allgäu führen:

- Oberallgäuer Rundwanderweg
- Rund um den Hohen Ifen
- König-Ludwig-Weg (Raum Füssen)
- Europäische Fernwanderwege E 4 + E 5
- Maximiliansweg (Bodensee–Königssee)

Broschüren zu den Wanderwegen bei: Ferienregion Allgäu, Tel. 0 18 05/ 12 70 00 (0,12 €/Min.).

Wassersport

Der Alp-, der Forggen-, der Große Alp-, der Hopfen-, der Niedersonthofener- und der Weißensee sind zwar kleine, aber feine Segelreviere. Surf- und Segelschulen sind überall präsent. Bootsverleihe oder Möglichkeiten für Wasserski erfragen Sie am besten dort. Liebhaber historischer Segler können auf dem Alpsee bei Immenstadt Anker lichten. Hier verkehrt der Alpsegler »Santa Maria Loreteto« der Wassersportschule Oberallgäu, der Nachbau eines mittelalterlichen Lastenschiffes, Tel. 0 83 23/5 22 00, www.alpsee-segler.de.

In den Bäumen klettern wie Tarzan: Im Seilparcours der Bärenfalle ist Geschick gefragt.

Familientipps – Hits für Kids

Von der Bergspitze bis zum stillen Tal: Im Allgäu gibt es für Kinder nichts, was es nicht gibt.

Die »Wüstenschiffe« auf der ersten Allgäuer Kamelfarm sind die Attraktion der Region. Ein Ritt auf einem Dromedar hinterlässt gerade bei Kindern abenteuerliche Eindrücke.

Familienfreundlicher geht's kaum mehr! Ob Ponyhof oder Christkindl-Märkte, Wildfütterung oder historische Feste ... den Allgäuern fällt immer etwas ein.

Hotels haben selbstverständlich Kinderbetten, die Skischulen offerieren spezielle »Zwergerl«-Kurse. Förster zeigen ihre »Abenteuer«-Wälder. Die Bauern organisieren Kutschfahrten, beinahe jeder größere Urlaubsort lädt auf die Kunsteisbahn, in Klettergärten und zu besonderen Radwanderungen ein. Tageskindergärten und Babysitter sind fast schon eine Selbstverständlichkeit.

Speziell in den Sommermonaten bieten viele Ferienorte täglich neue ausgefeilte Kinderprogramme unter pädagogischer Aufsicht an: Basteln, Malen und Tanzen, botanische Führungen, Fahrradtouren, Klettergruppen, Theaterspiele, Schwimmkurse und Kinderdisco.

Ein Erlebnis für die Kleineren ist der Freizeitpark **Illerparadies,** A 7, Ausfahrt Dietmannsried, 10 km nördlich von Kempten (→ S. 38), mit Westerneisenbahn, Wildgehege und vielen anderen Attraktionen, geöffnet von März–Okt., 10–18 Uhr. Eintritt frei.

Allgäuer Kamelfarm S. 114, C 8

Auf der ersten Allgäuer Kamelfarm von Christine Sieber und Dieter Graf gibt es viel zu entdecken. Ob Trampeltiere, Echsen, Spinnen oder tropische Frösche: (Nicht nur) ein Schlechtwettertag wird hier zum Erlebnis. Der Ausritt auf einem der braven Kamele wird dann nur noch vom Besuch im Orientzelt getoppt.

Hack/Seeg; Tel. 0 83 69/91 06 40; www.rent-a-kamel.de

Eistobel Maierhöfen S. 113, E 4

Sommers wie winters eine spannende Adresse: der Eistobel, eine Schlucht nahe Maierhöfen, durch die seit Urzeiten Wasserfälle tosen. Sie gaben den Felsen bizarre Formen und lassen im Winter seltsame Eisgebilde entstehen. Das Geotop Eistobel begeht man am besten ab dem Parkplatz an der 200 m langen und 54 m hohen Argentobelbrücke. Von hier führt ein Weg in die Schlucht und 3 km flussaufwärts, entlang einem höchst abwechslungsreichen Pfad. An Rastplätze ist auch gedacht. Für den Ausflug ist immer festes Schuhwerk und eine Jacke empfohlen! Eintritt 1,50 € (→ Routen und Touren, S. 97).

Maierhöfen; Tel. 0 83 81/20 06; www.eistobel.de

Puppentheater-Museum S. 114, C 6

Hier tanzen die Puppen! In Zusammenarbeit mit dem Bayerischen Nationalmuseum konnte 1987 durch den Puppenspielverein Kaufbeuren das Puppentheater-Museum eröffnet werden. Alois A. K. Raab (1911–1989) ermöglichte durch seine 60-jährige Sammeltätigkeit die reichhaltige Grundausstattung des Museums.

Ludwigstr. 41 a, Kaufbeuren; Tel. 0 83 41/1 41 21; Do–Sa 10–12, 14.30–17, So 10–12 Uhr

MERIAN-Tipp

5 Der Allgäu-Scout

Der »Allgäu-Scout« Stefan Koch ist nicht nur für Kinder eine interessante Adresse. In seinen Wildnis-Workshops lernt man unter anderem die Kunst des Überlebens in der Natur. Käfer und Würmer muss allerdings keiner essen. Vielmehr haben die Events, die meistens in einem Camp bei Langenwang stattfinden, den Hintergrund, Menschen Wege aufzuzeigen, wieder in engeren Kontakt mit der Umwelt zu treten. Dabei kommen die Erkenntnisse von Naturvölkern zum Tragen. Gelehrt werden Fährtenlesen oder Iglubauen – wundervolle Erlebnisse, die auch Erwachsene verzaubern (Tel. 0 83 21/80 04 81; www.allgaeuscout.de). S. 114, C 6

Unterwegs im Allgäu

In Füssen dominierte mal kirchlicher, mal weltlicher Einfluss, wie die Wahrzeichen der Stadt – Hohes Schloss und Kloster St. Mang – beweisen.

»Im Allgäu ist jede Stadt eine Altstadt«, ob antike Römerstadt, freie Reichsstadt oder fürstbischöfliche Residenzstadt vergangener Tage – Wahrzeichen und Relikte sprechen für sich.

Kempten und Umgebung

Abwechslung und Erholung pur: Die Allgäu-Metropole und ihr Umland geizen nicht mit Reizen.

Vom Blender, dem Hausberg der Ortschaft Buchenberg mit seinem Sendemast, reicht der Blick weit über das Kemptener Umland bis an den Alpenrand.

Das Herz des Allgäus, die Region um Kempten, ist eine Gegend der Superlative: Kempten ist nicht nur die älteste Stadt Deutschlands, sondern auch die mit der umfangreichsten Gründungsgeschichte. Vor 2000 Jahren siedelten hier die Römer, fast gleichzeitig mit den Kelten, die ihr Dorf »Cambodunum« nannten. Der griechische Geograf Strabon (66 v. Chr.–19 n. Chr.) erwähnt diesen Namen, der »Burg an der Flussmündung« bedeutet, weil der Ort an der Iller liegt. Das nächste Geschichtsdatum schreiben die Alemannen (259 n. Chr.), die die Römer besiegen, dann die Franken (536–817 n. Chr.), die die Alemannen vertreiben. Um 752 gründen die Benediktiner ihre große Klosterstadt am anderen Illerufer – die älteste christliche Zelle, das älteste Kloster im ganzen Allgäu.

Kempten

→ S. 114, A 8

61 600 Einwohner

Stadtplan → Umschlagkarte hinten

Zum Ende des 13. Jh. erhalten die Kemptener erste Rechte einer Freien Reichsstadt – verliehen vom König Rudolf I. Damit ist auch der Grundstein für den jahrhundertelangen Streit zwischen der Klosterstadt und der Reichsstadt gelegt! Um 1770 kommen die Fürstäbte und bauen um ihre Residenz herum die prächtige, gottesfürchtige »Stiftsstadt«. Und erst im Jahre 1818, nachdem man Mauern, Türme und Tore geschleift hatte, wird aus den beiden starken Städten eine einzige: Kempten.

Die verschiedenen »Herrschaften« diesseits und jenseits der Iller waren einerseits ein Kreuz für die Bevölkerung, andererseits schufen sie auch einen künstlerischen Reichtum, was Bauten und Gemeinwesen anging: hier die aus der Gotik erwachsene Altstadt, dort die barocke Stiftsstadt. Doch nur einen Steinwurf vom päpstlichen Stift entfernt lag die bürgerliche Reichsstadt, die sich Luthers Reform und den deutschen Königen verschrieben hatte. Selbstbewusste Handelsleute und Handwerker, die hier 1477 die erste Papiermühle errichteten und wertvolles Linnen bis nach Flandern und Skandinavien verkauften, hatten ihren Mitbürgern freie (demokratische) Rechte erkämpft. Was aber nicht lange gut ging: Im Dreißigjährigen Krieg zerstörten die Schweden auf Drängen der Bürgerstadt Kempten die Stiftsstadt, woraufhin kaiserliche Soldaten den Fürstabt unterstützten und die Reichsstadt niedermachten. Dann kamen auf Bitten der freien Bürger wieder die Schweden, anschließend rief das Stift wieder nach den Kaisergetreuen – und so weiter… ein zerstörerischer Kampf zweier Konfessionen. Anno 1618 hatte Cambodunum über 6000 Einwohner, 30 Jahre später nur noch 900.

Zwei Städte, zwei Staaten – ein ständiges Gegeneinander: einmalig im ganzen Deutschen Reich. Erst 1818 wurden die protestantische Reichsstadt und die katholische Stiftsstadt zusammengeführt. Trotzdem: Noch bis vor einigen Jahrzehnten galt es als unschicklich, dass sich ein Romeo aus der »Stiftsstadt« mit einer Julia aus der »Reichsstadt« vermählte.

Die Stadt der Erfinder und Tüftler ist heute eine blühende **Industrie-Metropole**. Papierherstellung, Textilfabriken und Maschinenbau verschaffen viel Arbeit, ganz abgesehen von dem »Weißen Gold«, dem Allgäuer Käse. Ein gewisser Claude Dornier wurde 1884 in Kempten geboren, er gründete später die berühmten Flugzeugwerke. Und der Erfinder des Kühlschranks, Carl von Linde, verbrachte seine frühen Tüftlerjahre im Pfarrhaus von St. Mang.

Kempten liegt zentral und wunderschön eingebettet in eine eiszeitliche Gletscherlandschaft: nördlich der sehenswerte Illerdurchbruch zwischen Jung- und Altmoränen, rundherum Hochmoore und Wälder. Eine

Stadt zum Arbeiten und Genießen, hatte schon der französische Philosoph Michel de Montaigne anno 1580 von der Gastlichkeit der Iller-Stadt geschwärmt: »Man speist im Gasthaus auf Silber, wie man es bei uns kaum in den vornehmen Häusern findet ...«

Hotels/andere Unterkünfte

Bayerischer Hof

⇢ Umschlagkarte hinten, e 3

4-Sterne-Hotel mit nettem Wellnessbereich – moderner Komfort in einem historischen Haus nahe der Iller.

Füssener Str. 96;
Tel. 08 31/5 71 80, Fax 57 18-100;
www.bayerischerhof-kempten.de;
50 Zimmer ●●● CREDIT

Fürstenhof

⇢ Umschlagkarte hinten, d 3

Stadthotel mit Rokokofassade, zentral neben dem Rathaus. Zimmer im altenglischen Stil; Tiefgarage.

Rathausplatz 8;
Tel. 08 31/2 53 60, Fax 2 53 61 20;
www.fuerstenhof-kempten.de;
57 Zimmer ●● MASTER VISA

Peterhof

⇢ Umschlagkarte hinten, b 4

Im Zentrum der Stadt, mit Tiefgarage, modern ausgestattete Zimmer.

Salzstr. 1; Tel. 08 31/5 24 40,
Fax 52 44-200; www.hotelpeterhof.de;
12 App., 50 Zimmer ●● CREDIT

Spaziergang

Starten Sie den Rundgang durch Kemptens Altstadt oben an der **Freilichtbühne** (Burghalde), wo früher die Burg der Klostervögte stand. Über die Webergasse in Richtung Illerbrücke, davor links ab in die Bäckerstraße zum **Ankertörle**, dem einzigen erhaltenen Stadttor. Rechter Hand öffnet sich der St.-Mang-Platz mit einem Jugendstilbrunnen und der gotischen **St.-Mang-Kirche** (Riemerschmid-Flügelaltar und schöne Orgel).

Richtung **Rathaus** reihen sich prächtige Patrizierhäuser, wie das spätbarocke **Neubronner Haus**. Am Eck zur Kronenstraße mit ihren barocken »König'schen Häusern« biegen wir rechts ein. Über die Gerberstraße geht es zur **Residenz**, dem ehemaligen Benediktinerkloster, weiter durch den Hofgarten zur **Orangerie**, heute die Stadtbibliothek, sowie zum **Marstall**, dem heutigen Alpinmuseum.

Gleich hinter der Residenz liegt die berühmte **St.-Lorenz-Basilika**, danach gelangt man über den Stiftsplatz zum **Kornhaus** (anno 1700), heute als Festsaal und Marktkeller genutzt. Von hier aus kehren wir zum **Hildegardplatz** (Busbahnhof) um, der südliche Abschluss der barocken Innenstadt. Weiter bis zum schönen **Zumsteinhaus,** dem gegenüber das gemütliche Residenzcafé liegt, und durch den Stadtpark zum Rathaus zurück.

Dauer: ca. 75 Minuten

Sehenswertes

Basilika St. Lorenz

⇢ Umschlagkarte hinten, b 2

Am selben Platz stand ursprünglich eine romanische Klosterkirche, die im Dreißigjährigen (Religions-) Krieg 1632 in Schutt und Asche ging. 1652 berief der Kemptener Fürstabt Roman Giel von Gielsberg die berühmte »Vorarlberger Bauschule« mit den Handwerkerfamilien Beer, Moosbrugger und Thumb, um die neue Basilika (bis 1666) im jungen deutschen Barockstil zu errichten – schlichter, kühler und strenger. Beeindruckend sind das mächtige Langhaus sowie die Rundkapellen und das Kuppel-Oktagon (42 m hoch). Vor dem Langhaus liegt der Chorraum mit dem außergewöhnlich hohen Lichteinfall des Tonnengewölbes, der die wertvollen Stuckarbeiten bestens zur Wirkung kommen lässt. Kanzel, Hochaltar und der rechte Seitenaltar sind Kunstwerke des Kempteners Johann Georg Haggemiller. Der Füssener Bildschnitzer Jörg Lederer schuf fast zweihundert Jahre später den »Kreuztragenden Christus«.

Rathausplatz

⇢ Umschlagkarte hinten, d 3

Der Rathausplatz mit seiner manieristischen Brunnensäule (anno 1601) atmet Geschichte. Alle Fassaden sind eines Museums würdig: besonders die des Rokoko-Palastes **Londoner Hof**, des ehemaligen **Zollhauses** und des **Neubronner Hauses** (heute Stadtmuseum). Mittelpunkt ist das **Rathaus**, ein eleganter spätgotischer Steinbau (1474) mit Giebeln aus der Renaissance und einem barocken Zwiebelturm.

Residenz

⇢ Umschlagkarte hinten, c 2

Von der Basilika St. Lorenz führen (ehemals geheime) Verbindungsgänge direkt zum Kloster und zur Residenz. Fürstabt von Gielsberg hatte als weltlicher und kirchlicher Herrscher selbstredend zwei Amtssitze – das Kloster (der östliche Flügel) und die fürstliche Residenz (westlich). Von 1651 bis 1666 wurde hier die erste barocke Anlage in ganz Süddeutschland errichtet. Einige der 209 Räume der Residenz sind bei den täglichen Führungen zu sehen, wie etwa der **Fürstensaal**: 22 Porträts und Wappen der Kemptener Fürstäbte zieren die Wände. Wertvolle Wand- und Deckenbilder in den Prunkräumen des Südflügels sowie kunstvolle Fresken in den Schlafgemächern und die Stuckierung von Johann Üblhör in der Bibliothek machen den Residenz-Besuch zu einem Kunstgenuss.

Residenzplatz 4/6; April–Sept. Di–So 9–16, Okt. 10–16, Nov.–März Sa 10–16 Uhr; Führung nach Anmeldung Tel. 0 83 78/12 84 oder 01 78/7 61 53 45

St.-Mang-Kirche

⇢ Umschlagkarte hinten, d/e 3

Der dreischiffige Bau mit dem 66 m hohen Kirchturm überragt das bürgerliche Zentrum Kemptens. Im Gegensatz zum katholischen Barock der Residenz präsentiert sich die evangelische Pfarrkirche St. Mang im klaren Stil der Spätgotik, 1426 bis 1440 auf den Trümmern einer frühromanischen Klosterzelle errichtet. Benannt wurde sie nach dem Sankt Galler Mönch Magnus. Sehenswert ist der Altar, geschaffen nach Werken von Tilman Riemenschneider.

Museen

Alpinmuseum

⇢ Umschlagkarte hinten, c 2

Der Mensch und das Gebirge – von der Geschichte bis zur Neuzeit. In der Zweigstelle des Bayerischen Nationalmuseums zeigt man nicht nur Literatur, Kunst und Poesie rund um den Alpinismus, sondern dokumentiert auch die Geschichte der Alpen als Lebensraum.

Landwehrstr. 4 (im Marstall); Tel. 08 31/2 52 53 69; März–Mitte Nov. Di–So 10–16 Uhr; Eintritt Erw. 2,50 €, Kinder 1,25 €

Archäologischer Park Cambodunum

⇢ Umschlagkarte hinten, f 3

Wertvolle Ausgrabungen, rekonstruierte Tempelbezirke und historisch glaubwürdige Nachbildungen aus der Römerzeit.

In den Prunkräumen der Kemptener Residenz zeigt sich die ganze Blüte des Barock.

Kaufbeurer Str./Cambodunumweg 3; Mai–Okt. 10–17, Nov.–April 10–16.30 Uhr, Jan. und Feb. geschl.; Eintritt Erw. 3 €, Kinder 1,50 €

Zumsteinhaus

⇢ Umschlagkarte hinten, b 2

Ein klassizistischer Prachtbau von 1802, der eine naturwissenschaftliche Sammlung zur Biologie und Geologie des Allgäus sowie die Cambodunum-Sammlung mit dem »Wiggensbacher Schatzfund« beherbergt.

Residenzplatz 31; Tel. 08 31/1 23 67; April–Okt. Do und So 10–12, 14–16 Uhr; Eintritt Erw. 2 €, Kinder 1 €

Essen und Trinken

Haubenschloß

⇢ Umschlagkarte hinten, b 6

Stilvolles, familiär geführtes Restaurant und Café in einem restaurierten ehemaligen Landschlösschen. Hervorragende Wildgerichte und lokale Schmankerl, kreative Desserts.

Haubenschloßstr. 37; Tel. 08 31/2 35 10; www.haubenschloss-ke.de; tgl. außer Mo ●●● DINERS MASTER VISA

Schalander

⇢ Umschlagkarte hinten, c 3

Restaurant mit typischer Allgäuer Küche mitten in der Fußgängerzone.

Römerzeit: rekonstruierte Therme im Archäologischen Park Campodunum.

Fischersteige 9; Tel. 08 31/1 68 66; www.schalander-kempten.de; So geschl. ●●● MASTER VISA

Brauereigaststätte Zum Stift

⇢ Umschlagkarte hinten, b 2

Ein kleiner Stadtpalast mit hohem Türmchen und alter Tradition, urgemütlich – besonders im schattigen Biergarten im Sommer.

Stiftsplatz 1; Tel. 08 31/2 23 88; www.zum-stift.de ●●● AmEx MASTER VISA

Einkaufen

In der **Fischerstraße** und rund um die **Freitreppe** findet sich so ziemlich alles, was das Einkäuferherz begehrt. Auf dem **Hildegardplatz** kann man täglich (außer So) knackfrisches Obst und Gemüse erstehen.

Am Abend

Primo Piano

⇢ Umschlagkarte hinten, d 3

Szene-Treff für Studenten, Künstler und Einheimische. Gesellig!

Rathausplatz 21

Stadttheater

⇢ Umschlagkarte hinten, d 2

Wechselnde Tourneebühnen und Orchester. Spielzeit: Oktober bis April.

Theaterstr. 4; Tel. 08 31/1 32 26

Service

Auskunft

Tourist-Information Kempten

⇢ Umschlagkarte hinten, d 3

Rathausplatz 24; Tel. 08 31/2 52 52 37, Fax 2 52 54 27; www.kempten.de

Ziele in der Umgebung

Altusried

⇢ S. 113, F 3

10 000 Einwohner

»Die Alte schwätzet gern vom alte Käs«, das ist ein liebevoll gemeinter Satz, den die Milchbauern von Altusried gerne über ihre Bäuerin sagen. Sie wollen damit bestimmt nicht ihre

Ehefrau diskriminieren, sondern nur indirekt ein Loblied auf ihre Milchwirtschaft singen. Der Kurort hatte bereits um 1850 über 70 Käsereien, woraus sich bis 1900 49 genossenschaftliche Sennereien entwickelten.

Altusried bietet außerem eine **Open-Air-Bühne**, auf der seit über 120 Jahren Theater gespielt wird (2500 Plätze; Tel. 0 83 73/9 22 00). Ansonsten sollten Sie die **Burgruine Kalden** besuchen sowie den höchst eindrucksvollen Iller-Durchbruch.

16 km nordwestl. von Kempten

SERVICE

Auskunft

Verkehrsamt Altusried

Hauptstr. 18; Tel. 0 83 73/70 51, Fax 70 54

Betzigau → S. 114, B 8

2800 Einwohner

Schönes Naherholungsgebiet östlich von Kempten, mit einsamen Wanderwegen durch den Bergwald und das Betzigauer Ried (750 m ü. d. M.). Badelustige fahren zum versteckt gelegenen **Notzenweiher** (Moorwasser). Sehenswert: die **Sankt Afra Kirche** und das Kuratie-Kirchlein in **Hochgreut**.

5 km östl. von Kempten

HOTELS/ANDERE UNTERKÜNFTE

Gasthaus Mittelallgäu

Gut gespurte Loipen führen im Winter direkt vor die Haustür dieses umgebauten Bauernhofes mit fünf Zimmern. Reitpferde, Tischtennis, Badegelegenheit.

Hauptmannsgreut 11; Tel. 0 83 04/2 87; www.gasthaus-mittelallgaeu.de; 5 Zimmer ●

Zur Goldenen Sonne

Gemütlicher Gasthof in Hochgreut; alle Zimmer haben Dusche und bieten einen schönen Blick auf die Alpen.

Hochgreut 27; Tel. 0 83 04/2 81; 5 Zimmer ●

SERVICE

Auskunft

Gemeinde Betzigau

Rotkreuzstr. 2; Tel. 08 31/5 75 02-0, Fax 5 75 02 22; www.betzigau.de

Buchenberg → S. 114, A 8

4000 Einwohner

Einen Katzensprung von Kempten entfernt liegt dieser kleine Luftkurort (950 m ü. d. M.). Sehenswert ist die historische Pfarrkirche **St. Magnus**. Der Freizeitwert ist hoch: Tennisplätze und -hallen, Moorweiher zum Baden, Ausritte, Kutsch- bzw. Schlittenfahrten, Loipen, Sprungschanzen, Schlepplifte und Eisstockschießen.

11 km südwestl. von Kempten

HOTELS/ANDERE UNTERKÜNFTE

Silencehotel Schwarzer Bock

Die Loipe zieht direkt an diesem modernen Hotel vorbei. Eigenes Hallenbad, gemütliches Restaurant.

Hölzlers 169; Tel. 0 83 78/94 05-0, Fax 94 05 20; www.hotel-schwarzer-bock.de; 20 Zimmer ●● MASTER VISA

Sommerau

Ruhig und ländlich-gemütlich, am hauseigenen Moorweiher gelegen.

Eschacher Str. 35; Tel. 0 83 78/94 09 30, Fax 9 40 93 60; www.landhaus-sommerau.de; 68 Betten ● AmEx MASTER VISA

SERVICE

Auskunft

Verkehrverein Buchenberg

Rathaussteige 2; Tel. 0 83 78/92 02 22, Fax 92 02 23; www.buchenberg.de

Dietmannsried → S. 114, A 7

7400 Einwohner

Über 80 km ausgeschilderte Wanderwege und im Winter 50 km gepflegte Loipen lohnen den Besuch.

Sehenswert sind auch die spätmittelalterliche Kirche von Dietmannsried sowie die Pfarrkirche in Probstried.

Ein wahres Vergnügen ist der **Freizeitpark Illerparadies** in Lauben (→ Familientipps, S. 29), mit Autoscootern, Westerneisenbahn, Wildgehege, Schwebeseilbahn, Düsenjäger als Klettergerät, Karussells ... (Hinwang 2; Tel. 0 83 74/74 77).

ca. 15 km nördl. von Kempten

Service

Auskunft

Markt Dietmannsried

Rathausplatz 3; Tel. 0 83 74/58 20-0, Fax 58 20 30

Oy-Mittelberg

→ S. 114, B 8

4400 Einwohner

Wegen seiner Lage an der alten Salzstraße wurde der Kneippkurort bereits 1182 erwähnt. Heute ist er einer der schönstgelegenen Luftkurorte (960–1036 m ü. d. M.) im Oberallgäu. Eine Sehenswürdigkeit ist die Pfarrkirche **St. Peter** mit dem 1310 geschnitzten »Christus mit dem Palmesel«.

20 km südöstl. von Kempten

MERIAN-Tipp

6 Residenz Hofgut Kürnach

Die ehemalige Jagd- und Sommerresidenz der Kemptener Fürstäbte von 1709 liegt im stillen grünen Kürnachtal nahe Wiggensbach. Ob Hotelgast, Wanderer, Radler oder Motorbiker – hier ist jeder willkommen. Die Residenz bietet alles, was Spaß macht und Genuss bringt: z.B. Reiten, Wellness, Golf und viel Platz für Kinder. Die Küche verlockt zu kulinarischen Exkursionen, die man im Sommer am besten im Garten mit Blick auf die historischen Gebäude genießt.

Unterkürnach 2, 87487 Wiggensbach; Tel. 0 83 70/8 07-0, Fax 18 63; www.hofgut-kuernach.de; 178 Betten

●● AmEx MASTER VISA → S. 113, F 4

Hotels/andere Unterkünfte

Gästehaus Finy

Mitten in einem Wander-, Bade- und Skigebiet gelegen, mit schönen Holzbalkonen und Sauna.

Mühlbachstr. 10, Mittelberg; Tel. 0 83 66/9 86 60, Fax 91 99; www.finy.de; 6 Appartements ● CREDIT

Service

Auskunft

Kur- und Tourismusbüro Oy-Mittelberg

Wertacher Str. 11; Tel. 0 83 66/2 07, Fax 14 27; www.oy-mittelberg.de

Waltenhofen

→ S. 114, A 8

8900 Einwohner

Lohnendes Naherholungsgebiet. Besonders reizvoll sind die Wanderwege durchs Illertal und in die Stoffelberge. Der schöne Niedersonthofener See sowie der kleine benachbarte Herzmannsweiher bieten Raum für alle möglichen Wassersportarten.

ca. 11 km südl. von Kempten

Service

Auskunft

Verkehrsamt Waltenhofen

Immenstädter Str. 7; Tel. 0 83 03/7 90

Weitnau

→ S. 113, F 4

5300 Einwohner

In einem weitläufigen, hoch gelegenen Tal (800–1243 m) erstreckt sich der zusammengeführte Marktflecken Weitnau/Wengen. Die **Pfarrkirche** von Weitnau ist ein beachtenswertes neugotisches Gotteshaus. Auch die **Burgruine »Alt-Trauchburg«** bei Kleinweiler ist ein lohnenswertes Wanderziel (Burggaststätte; Tel. 0 83 75/80 46; nur im Sommer, Mi geschl.).

Spaß für die ganze Familie: Im Hofgut Kürnach lässt es sich nicht nur gut speisen. Platz und Freiraum zum Spielen ermöglichen auch Kindern einen angenehmen Aufenthalt.

Für große und kleine Kinder gibt es die größte Modelleisenbahnschau Europas im nahen Wengen (**Miniland**; Tel. 0 83 75/86 22; Mitte März–Anf. Nov. tgl. 10–18 Uhr, außerdem in den Weihnachtsferien, ansonsten nur Sa, So, Fei; www.miniland.de).

ca. 22 km südwestl. von Kempten

Service

Auskunft

Tourismusbüro Weitnau

Hoheneggstr. 25;
Tel. 0 83 75/92 02 41, Fax 92 02 43;
www.weitnau. de;
E-Mail: tourismus@weitnau.de

Wiggensbach S. 113, F 4

4600 Einwohner

Drei Dörfer und 72 Weiler bilden den Erholungsort Wiggensbach. Hier ist immer etwas los: Funkenfeuer, Viehscheid, Bergmessen ... Außerdem können Sie in dem aussichtsreichen 18-Loch-Golfclub Waldegg Deutschlands »höchsten« Abschlag wagen; Tel. 0 83 70/9 30 73.

Die Pfarrkirche **St. Pankraz** gehört zu den schönsten Rokoko-Bauten im Kemptener Umland.

Eine weitere Attraktion ist der **»Allgäuer Käsweg«**, der, als gemütlicher Rundweg genossen, immerhin 21 ehemalige Käsereien rund um Wiggensbach verbindet (ca. 30 km Länge).

ca. 12 km westl. von Kempten

Hotels/andere Unterkünfte

Pension Burgbräu

Freundlich geführter Familienbetrieb, ruhig am Waldrand gelegen.

Egg 6; Tel. 0 83 70/7 18, Fax 97 67 19;
www.burgbraeu.de; 14 Betten

Museum

Heimatmuseum Wiggensbach

Im Rathaus (WIZ).

Tel. 0 83 70/84 35; So 10–12, 14–16 Uhr; Nov.–Feb. geschl.

Service

Auskunft

Verkehrsamt Wiggensbach

Kempter Str. 3; Tel. 0 83 70/84 35,
Fax 3 79; www.wiggensbach.de

Oberallgäuer Alpenvorland

Weite Horizonte, abwechslungsreiche kulinarische Exkurse und die Welt der Allgäuer Berge genießen.

Der Seealpsee bei Oberstdorf: Hier zeigt sich die Natur in voller Pracht. Den Horizont zieren die steilen Gipfel und typischen Grasflanken der Allgäuer Alpen.

Droben im hohen Süden«, sagen die Einheimischen gerne, wenn sie von jener Region reden, die sich südlich von Kempten bis Oberstdorf, von Oberstaufen bis Bad Hindelang zieht. Unübersehbar die Allgäuer Alpen, davor sanft grünes Bauern- und Ferienland. Verschwiegene Täler, wie das Kleinwalsertal und Tannheimer Tal, die ins Österreichische hinüberreichen, klare Gebirgsbäche, tiefblaue Flussläufe und Seen sind hier die Glanzpunkte vor einer überschäumenden Naturkulisse.

Immenstadt → S. 117, F 9

14 500 Einwohner

Die historische Ortschaft liegt eng umschlossen von waldreichen Höhen im hier schmalen Illertal. Rund um den Stadtkern gibt es viel zu entdecken: bunte Fassaden der Bürgerhäuser, mittelalterliche Burgruinen, das Stadtschloss und sehenswerte Fabrikantenvillen – Leinen und Salz machten die Stadt einst reich.

Als »Imendorf« im Jahre 1275 erstmals urkundlich erwähnt, darf sich der Ort seit Verleihung der Stadtrechte im Jahr 1360 »Immenstadt« nennen. 1567 geht die Stadt in den Besitz der Freiherren zu Königsegg-Rothenfels über (ab 1804 österreichisch, ab 1806 bayerisch). Die Pest (1628), Kriegswirren (1632/36, 1796) sowie Großbrände (1679, 1844) hinterlassen tiefe Spuren. Anfang des 19. Jh. kommt die Leinenweberei zum Erliegen, die industrielle Textilfertigung fasst Fuß. Die sudetendeutschen Strumpfwerke Kunert sind seit 1946 hier ansässig.

Von der einstigen Bedeutung Immenstadts als Residenzstadt der Grafen Montfort und Königsegg zeugt die historische Kulisse des **Marktplatzes** mit dem Renaissanceschloss (16./17. Jh.) an der Westseite. Lieblich der Klostergarten in der Altstadt, heute eine öffentliche Grünanlage mit Brunnen, charmant die »Piazza« mit Türmchen und Glocken. Boutiquen und Restaurants sowie der Wochenmarkt am Samstag zwischen Amtshaus und Rathaus bieten weitere Abwechslung.

Vor den Toren der Stadt lockt der eiskalte **Große Alpsee** 👪, viel besuchtes Erholungsgebiet mit Sandstrand am Ostufer und flachem Zugang im Strandbad. Beinahe mediterranes Flair besitzt der hübsche Luftkurort **Bühl** mit seinen drei Kirchlein, von denen die Wallfahrtskapelle **Maria Loreto** wohl die bedeutendste ist. Ebenfalls sehenswert ist das Ensemble aus Kirche, Kapelle und Schloss im jenseits der Iller gelegenen Stadtteil **Rauhenzell**.

Etwas eingezwängt zwischen Iller und B 308 liegt südlich des Stadtteils Stein die Ruine Laubenbergerstein (11. Jh.). Vom Ring einstiger **Befestigungsanlagen** rund um Immenstadt zeugen die Reste der Burgen Rothenfels und Hugofels (10./11. Jh.) nordöstlich vom Kleinen Alpsee, die Burg Rauhlaubenberg (12. Jh.) nördlich von Rauhenzell und die Burg Werdenstein (12. Jh.) südlich von Eckarts.

Mit der Renaturierung des 1450 m hohen Gschwender Horns hat Immenstadt auf der Weltausstellung EXPO 2000 viel Anerkennung geerntet.

Hotels/andere Unterkünfte

Krone

Seit 100 Jahren Gastlichkeit, seit vier Generationen im Familienbesitz – gemütlich rustikal. Sauna und Solarium mit Fitnessraum im Haus.

Rottachbergstr. 1, Immenstadt-Stein; Tel. 0 83 23/96 61-0, Fax 96 61 50; www.hotel-krone.de; 43 Zimmer ●●

AmEx MASTER VISA ♿ 🐕

Lamm

Außen schlicht, innen in viel Holz gehalten – ein nettes, urgemütliches Haus. Trotz zentraler Lage im Ort sind die Wege zu den Bergen und den beiden Alpseen nicht weit.

Kirchplatz 2; Tel. 0 83 23/61 92, Fax 5 12 17; 27 Zimmer ●

SEHENSWERTES

Pfarrkirche St. Nikolaus

Besondere Beachtung in der 1705 bis 1707 erbauten Kirche am Marktplatz verdient die prächtige Muttergottesstatue (um 1470), vermutlich aus der Memminger Ivo-Strigel-Werkstatt, nicht weniger wertvoll die um 1520 in Kempten geschaffenen Heiligenstatuen am Chorbogen sowie die 14 Kreuzwegstationen.

Rathaus

Als »Haus Marienplatz 16« schon 1640 erbaut, erwarb die Stadt das Gebäude 1753 und baute es zum Rathaus um. Das Baujahr 1640 ist an der Konsole des Erkers (mit Zwiebeltürmchen) an der Fassade belegt.

Renaissanceschloss

Von den Grafen Königsegg-Rothenfels im 16. Jh. begonnenes Stadtschloss an der Westseite des Marktplatzes. Im zweiten Obergeschoss der sehenswerte Rittersaal mit Stuckdecke und Ahnengalerie, zugänglich während der Öffnungszeiten der Bibliothek.

Der Markt vor der St. Nikolauskirche bietet Platz zu Rast und Einkehr.

MUSEEN

Allgäuer Bergbauernmuseum

Freilichtmuseum mit einem uralten Alpgebäude, im 1000 m hoch gelegenen Ortsteil Diepolz. Ausstellung über die Entwicklung von der herkömmlichen Bewirtschaftung der Alpen bis zum computergesteuerten Milchwerk. Kinderfreundlich aufbereitet.

Diepolz; Tel. 0 83 20/70 96 70; www.bergbauernmuseum.de; Ostersonntag bis Anfang Nov. tgl. 10–18 Uhr, 26.–30. Dez., 2.–8. Jan. 13–17 Uhr; Eintritt Erw. 3 €, Kinder bis 7 J. frei

Hofmühle

In der schon 1451 genannten »müli ze ymenstatt« an der Aach können eine Allgäuer Käsküche und alte Bauernstuben, aber auch Werke Allgäuer Künstler besichtigt werden. Das Museum erhielt 2000 den schwäbischen Museumspreis.

An der Aach 14; Tel. 0 8323/36 63; Mi–So 14–17 Uhr; Eintritt Erw. 2 €, ermäßigt 1 €, Familienkarte 5 €

ESSEN UND TRINKEN

Gasthof Drei König

Allgäuer Spezialitätenlokal im autofreien Herzen von Immenstadt.

Marienplatz 11; Tel. 0 83 23/86 28; www.drei-koenig.de ●● MASTER VISA

Hotel-Restaurant Rothenfels

Idyllisch am Südhang über dem Großen Alpsee gelegen, genießt man von der gemütlichen Aussichtsterrasse einen weiten Blick übers Land. Hotelgästen steht vor dem Besuch des gepflegten Restaurants noch das hauseigene Hallenbad mit Sauna und Solarium zur Verfügung.

Missener Str. 60, Immenstadt-Bühl; Tel. 0 83 23/91 90, Fax 91 91 91; www.hotel-rothenfels.de ●●

SERVICE

Auskunft

Gästeinformation Immenstadt

Marienplatz 12; Tel. 0 83 23/91 41 76; www.immenstadt.de

Ziel in der Umgebung

Oberstaufen → S. 117, E 9

7100 Einwohner

Oberstaufen, nur 20 km vom Westallgäuer Ort Isny entfernt, ist ein Fremdenverkehrs- und Kurort der ersten Kategorie, vergleichbar eigentlich nur mit Bad Wörishofen. Vor 175 Jahren erfand der Naturarzt Johann Schroth (schwäbischer Abstammung) in Österreichisch-Schlesien die nach ihm benannte Schrothkur, die 1949 durch den Kurarzt Dr. Hermann Brosig in Oberstaufen eingeführt wurde. Der kleine Ort mit damals 2500 Einwohnern war schon seit langem als Luftkurort bekannt. Heute ist Oberstaufen das einzige anerkannte Schroth-Heilbad Deutschlands.

Hier leben die Kontraste: zwischen einfacher Berghütte und luxuriösem Hallenbad, uriger Schlittenfahrt und nobler Golfpartie, zwischen sonnigen Skipisten und schummrigen Tanzbars. 120 qkm zusammenhängendes Alpgebiet mit 160 Alphütten bieten naturschöne Wandermöglichkeiten, ein 18-Loch- bzw. ein 9-Loch-Golfparcours locken auf das Green. Tennissport vom Feinsten bietet seit rund 16 Jahren das ATP-Challenger-Tennisturnier, neben dem BMW-Open in München die hochkarätigste Tennis-Veranstaltung in Bayern. Der Ort ist außerdem Heimat berühmter Spitzensportler der alten Garde, wie etwa der 15-fachen deutschen Meisterin und Olympia-Siegerin (1960) im Abfahrtslauf, Heidi Biebl, sowie der zwölffachen Weltmeisterin im Skirennlauf und Ausnahmesportlerin der 1930er-Jahre, Christl Cranz-Borchers.
14 km westl. von Immenstadt

Hotels/andere Unterkünfte

Kur- und Sporthotel Königshof
Ausgezeichnet als Allgäus TopHotel. Hier finden Sie nicht nur ein Schrothkur-Sanatorium mit erstklassigem Service. Das Haus am Südhang im Ortsteil Weissach bietet auch ein umfangreiches exklusives Wellness- und Fitness-Programm zum Aussapnnen. (Ayurveda, Thalasso, Wellvital).
Mühlenstr. 16, Weissach;
Tel. 0 83 86/49 30, Fax 49 31 25;
www.keonigshof.de; 100 Zimmer
●●● CREDIT

Gästehaus Christl Cranz
Die kleine, gemütliche Ferienpension der altbekannten Ski-Olympiasiegerin von 1936, Christl Cranz. Das kinderfreundliche Haus liegt völlig verkehrsfrei und sehr idyllisch am Waldrand, ca. 900 m außerhalb von Steibis. Auf das 5000 qm große Grundstück mit Spielwiese und Spielplatz fahren sonst nur die Autos der Gäste.
Steibis, Sägmühle 21;
Tel. 0 83 86/81 01, Fax 86 27;
www.www.oberstaufen-online.de/christlcranz; 4 Ferienwohnungen, 6 Betten ●

Olympia
Sonniges Schrothkur-Hotel am Fuße des Staufen und im Zeichen der Olympischen Ringe mit Ski-Olympiasiegerin Heidi Biebl. Kinder willkommen!
Bürgermeister-Wucherer-Str. 15;
Tel. 0 83 86/20 77, Fax 44 18;
www.kurhotelolympia.de; 20 Betten
●

Essen und Trinken

books – Bücher & Café
Ideenreiches Literaturcafé mit vegetarischer Küche, italienischem Kaffee und internationalem Lesestoff, den man im Laden nebenan kaufen kann.
Hugo-von-Königsegg-Str. 12;
Tel. 0 83 86/24 69; www.bookscafe.de;
Mo–Fr 10–21, Sa 10–18 Uhr ●

Service

Auskunft
Kurverwaltung Oberstaufen
Hugo-von-Königsegg-Str. 8;
Tel. 0 83 86/9 30 00, Fax 93 00 20;
www.oberstaufen.de

Beim Abtrieb der Kühe von der Alp helfen alle – Augenweide sind Tracht und Kränze.

Sonthofen

S. 118, A 14

21 400 Einwohner

Wo das Allgäu in die Alpen übergeht und das Illertal zwischen Grünten (1738 m) und Riedberger Horn (1787 m) immer winziger aussieht, liegt die südlichste Ecke des Oberallgäus – und die Kreis- und Garnisonsstadt Sonthofen. Die einst alemannische Siedlung hieß 1145 noch »Sunthovum«. 1429 zur Marktgemeinde erhoben, wird der Ort erst 1963 als Stadt anerkannt.

Der heutige Kurort in 775 m Höhe offenbart einen eigenwilligen Charakter zwischen Provinzmetropole und ländlicher Gemeinde. Hinter vielen Gassen-Ecken überraschen den Besucher mittelalterliche Plätze mit gut erhaltenen Kaufmannshäusern, wenngleich viele historische Bauten in Sonthofen noch in den letzten Kriegswochen 1945 durch Bombenangriffe zerstört worden sind.

Für Spaziergänger ist deshalb weniger das Zentrum als vielmehr die umliegende Natur attraktiv: Bergsteiger und Kletterer finden rund um die Gipfel des Hochvogels, des Großen Daumens sowie zwischen den kesselförmigen Wassermühlen der wildromantischen **Starzlachklamm** ihr Terrain. Die Starzlachklamm beim Ortsteil Winkel kann von Ende April bis Ende Oktober auf gesicherten Wegen begangen werden. Zur gemütlichen Rast lädt der Klammwirt ein (Tel. 0 83 21/8 89 88, Klammhütte ca. 20 Minuten vom Parkplatz).

Wintersportfreunde finden rund um Sonthofen 35 km Loipe durch den »Großen Wald« sowie Dutzende von Bergbahnen und Liften.

Hotels/andere Unterkünfte

Allgäu Stern

Große Hotelanlage mit allen nur erdenklichen Freizeit-, Fitness- und Wellness-Einrichtungen. Durchaus familienfreundlich.

Buchfinkenweg 2; Tel. 0 83 21/27 90, Fax 27 94 44; www.allgaeustern.de; 1000 Betten ●●●● CREDIT ♿

Zur Traube

Rustikales, familiär geführtes Haus, mit Gästehaus »Sabine«.

Grüntenstr. 11; Tel. 0 83 21/6 71 80, Fax 67 18 40; www.traube-allgaeu.com; 11 Zimmer ●● MASTER VISA ♿

Sehenswertes

Berghofer Kapelle

50 Gehminuten außerhalb von Sonthofen auf einem Hügel hinter Oberried (gut ausgeschildert) findet man das kleine Kirchlein **St. Leonhard** mit schönem spätgotischen Choraltar.

Pfarrkirche St. Michael

Ein spätgotischer Bau, der 1741 barockisiert und nach der Bombardierung 1945 im Langhaus auch wieder restauriert wurde. Sehenswert sind die Kirchenväter-Figuren am Hochaltar.

Museen

Heimathaus

Eindrucksvolle Exponate alter Sennereien, detailgetreue Rekonstruk-

tionen ländlicher Wohnkultur sowie eine kursiose wie seltene Glocken- und Schellen-Sammlung, alles untergebracht in einem alten Hof aus dem 16. Jh., umgeben von einem Bauerngarten.
Sonnenstr. 1; Tel. 0 83 21/33 00;
Di–Do, Sa, So 15–18 Uhr; Eintritt 2,50 €, ermäßigt 1,50 €

Essen und Trinken

Schäffler
Restaurant mit Bierstube, Biergarten und Terrasse. Heimatabende.
Altstädten; Tel. 0 83 21/2 67 30;
Do geschl. ●●

Brauereigasthof Hirsch
Allgäuer und bayerische Spezialitäten genießt man in einer urigen Gaststube. Montags Brauereibesichtigung.
Grüntenstr. 7; Tel. 0 83 21/6 72 80, 67 28 28; Di geschl. ● MASTER VISA

Am Abend

Schwäbele Eck
Urgemütliche Pilsbar mit eigenem Bierbrunnen.
Hindelanger Str. 9

Service

Auskunft
Gästeamt Sonthofen
Rathausplatz 1; Tel. 0 83 21/61 52 91, Fax 61 52 93; www.sonthofen.de

Ziele in der Umgebung

Bad Hindelang

→ S. 118, A 14

4900 Einwohner

Berühmt, beliebt und bedeutend als Sommerfrische und Wintersportidylle. Und mit **Oberjoch** gemeinsam das Zentrum im Ostrachtal, östlich von Sonthofen. Exakt 20 Zweitausender umrahmen den Kurort mit zahlreichen Wanderwegen (190 km), Skipisten (30 km) und Loipen (60 km). Besonders Muskelstarke trimmen sich am größten »Naturburschen« Hindelangs, dem **Hochvogel** (2593 m).

Die Hindelanger gelten als wertkonservativ. Drei ihrer 16 Alpen sind wieder als Sennerei und Käserei in Betrieb. Auch eine 500 Jahre alte Hammerschmiede wird heute noch aktiv betrieben. Die Viehscheid im Herbst ist hier besonders schön. Brautleuten bietet man historisches Ambiente: Trauungszimmer im Rathaus ist der barocke Saal des einstigen Jagdschlosses (1660–1668).

Im Ortsteil **Bad Oberdorf** ist man außerordentlich stolz auf die Pfarrkirche mit dem **Hindelanger Altar** sowie die eingangs erwähnte **Hammerschmiede** (Besucher bitte anmelden, Tel. 0 83 24/5 81 oder 12 30).
9 km östl. von Sonthofen

Hotels/andere Unterkünfte

Romantik-Hotel Sonne
Einstige Einkehr der Salzfrächter aus Tirol, mit Feinschmecker-Restaurant »Chesa Schneider«, Kneippanwendungen, Wellness, Hallenbad.
Marktstr. 15; Tel. 0 83 24/8 97-0, Fax 89 74 99; www.sonne-hindelang.de; 12 Ferienwohnungen, 57 Zimmer
●●● CREDIT

Gasthof Krone
Alpenländisch-gemütlich, Liegewiese im Obstgarten, alle Zimmer mit TV.
Marktstr. 20; Tel. 0 83 24/3 24, Fax 16 60; 13 Zimmer ●

Service

Auskunft
Gästeinformation Hindelang
Am Bauernmarkt 1; Tel. 0 83 24/8 92-0, Fax 80 55; www.hindelang.net

Balderschwang

220 Einwohner → S. 117, E 10

Balthasar, sagt man, hat der erste Bauer geheißen, der das Tal hier einst rodete oder »gschwendete«, wie es im Volksmund auch heißt. Damit hatte das entlegene, 1044 m hohe Bergdorf seinen Hauptnamen. Da sich hier in der Winterzeit der Schnee lange hält, bürgerte sich später der Spitzname »Allgäuer Sibirien« ein.

Vom Käsen und Schmuggeln lebte man später ganz gut. Heute ist die kleinste Gemeinde Bayerns, die zur Verwaltungsgemeinschaft **Hörnergruppe** (mit den vier weiteren Hörnerdörfern Bolsterlang, Ofterschwang, Fischen und Obermaiselstein) gehört, zwar immer noch abgeschieden und nur über die höchste Alpenstraße Deutschlands, den Riedbergpass, erreichbar, aber die Region hat sich zum Geheimtipp für Eltern mit Kindern oder für Kur- und Wellnessaspiranten gemausert. Dafür sprechen Unterkünfte bis zur 4-Sterne-Kategorie sowie familienfreundliche Pensionen und Hotels.

19 km südwestl. von Sonthofen

SERVICE

Auskunft

Gästeinformation Balderschwang

Haus Nr. 16; Tel. 0 83 28/10 56,
Fax 2 65; www.balderschwang.de

Das Wellnesshotel Hubertus in Balderschwang vereint Tradition und Gastlichkeit mit modernem Komfort, umrahmt von Allgäuer Voralpengipfeln.

MERIAN-Tipp

7 Hotel Hubertus

Man nehme ein Jagdhaus, wie es sonst nur im Bilderbuch zu finden ist, renoviere und erweitere es stilgerecht, bestücke es mit den besten Wellness-Angeboten, Köchen und freundlichem Service-Personal und mische etwas familiäre Atmosphäre bei: Fertig ist eines der schönsten 4-Sterne-Häuser in Balderschwang. Ursprünglichkeit und Liebe zur Natur, verbunden mit Gastlichkeit und kultiviertem Ambiente, unterstreichen das Motto des Hausherren: carpe diem!

Familie Traubel, Balderschwang;
Tel. 0 83 28/92 00, Fax 9 20 10;
www.hotel-hubertus.de; 49 Zimmer
●●● CREDIT S. 114, C 6

Fischen S. 118, A 14

2900 Einwohner

Ländliches Brauchtum und altbewährte Kneipp-Tradition stehen hier fernöstlichen Anwendungen und moderner Freizeitgestaltung mit Wellness & Co gegenüber. Der kleine Kurort mit einigen Milch-Käse-Bauernhöfen und seiner **Pfarrkirche** (15. Jh.) sowie der barocken **Frauenkapelle** hat sich dennoch seinen dörflichen Charakter erhalten.

8 km südl. von Sonthofen

SERVICE

Auskunft

Kurverwaltung Fischen

Am Anger 15; Tel. 0 83 26/36 46-0,
Fax 36 46 56

Tannheimer Tal S. 118, B–C 14

Tannheim auf 1097 m Höhe ist mit ca. 2400 Einwohnern der Hauptort 2

Der Vilsalpsee im Naturschutzgebiet Tannheimer Tal liegt auf 1165 Meter Höhe. Ihn speisen der Fluss Vils sowie zahlreiche kleine Bäche.

im **Naturschutzgebiet** des Tannheimer Tales. Das Dorf liegt auf der Südseite der hier breiten Talfurche an der Einmündung des Vilsalptales. Mit der neuen Achter-Gondel-Umlaufbahn genießt man im Winter das Skigebiet am **Neunerköpfle** oder auch als Fußgänger nur das Bergpanorama (die Tirol-Allgäu-Card ist für weitere Liftanlagen im Tannheimer Tal und benachbarten Regionen sowie für den Besuch von Hallenbädern gültig). Tannheim ist auch ein Mekka der Ikarusse – am **Flugplatz** finden laufend Vorführungen statt. Schon mal einen Tandem-Flug probiert (www.flugplatz-tannheim.de)?

20 km östl. von Sonthofen

SPAZIERGANG

Der Ausflug schlechthin: ein Besuch der **Gappenfeld-Alm**. Die Hütte liegt auf 1830 m und ist die höchstgelegene Alm im Tannheimer Tal mit Blick zur Schochenspitze (2069 m) und zur Landsberger Hütte. Am 21. September findet hier jährlich der Almabtrieb statt. Aufstieg von Tannheim/Steinbruch, ca. 2 Stunden in Richtung Vilsalpsee, Abzweigung beim Steinbruch, weiter entlang dem Gappenfeldbach zur Gappenfeld-Alm (geöffnet Mitte Juni–Ende Okt.; Tel. 00 43/(0)56 75/63 90 • ▭).

SERVICE

Auskunft

Tourismusverband Tannheimer Tal

Tel. 00 43/(0) 56 75/62 20-0; www.tannheimertal.com

Oberstdorf → S. 118, A 15

10 000 Einwohner

Das »Feriendorf«, das »Familiendorf«, das »Tagungsdorf«, das »Kurdorf« und das »Bergdorf« ...: So wirbt das Kuramt. Dabei ist Oberstdorf eigentlich kein Dorf mehr, sondern die südlichste und höchstgelegene Stadt Deutschlands (815 m ü. d. M.). Links und rechts des Iller- und Ostrachtals bieten die Allgäuer Alpen ihre höchstgelegenen Wanderwege bzw. Skiabfahrten. Zwischen **Fellhorn** (2039 m), **Söllereck** (1706 m) und **Nebelhorn** (2224 m) befindet sich inmitten ur-

Herausforderung für Skispringer: die Skiflugschanze Oberstdorf.

wüchsiger Natur eines der bestausgestatteten Ferienzentren Süddeutschlands. Und was das Schanzenspringen angeht, ist Oberstdorf einer der wichtigsten Wettkampfplätze der Welt.

Durch einen Großbrand im Jahr 1864 gibt es in Oberstdorf nicht mehr viele alte Gebäude. Auch die neugotische **Pfarrkirche** wurde erst Ende des vorletzten Jahrhunderts wieder errichtet. Ihr gegenüber jedoch steht ein wirklich historischer Bau, nämlich die **Seelenkapelle** (1524) mit Fresken aus dem 16. Jh., die Abendmahl-Motive darstellen.

Von Oberstdorf aus in Richtung Tiefenbach kommt man zur **Breitachklamm**. Ihre Durchwanderung bis zur Walserschanze dauert etwa eine Stunde. Fantastisch: die unter ohrenbetäubendem Lärm herabstürzenden Wasserfälle! Die Schlucht ist mit Auto und Bus gut erreichbar, zu Fuß über Reutte und Tiefenbach. Geöffnet im Sommer täglich 8–17, im Winter 9–16 Uhr (nicht bei Schneeschmelze), Info-Tel. 0 83 22/48 87.

Hotels/andere Unterkünfte

Parkhotel Frank
Für Kurgäste – aber nicht nur für die – alles vom Feinsten.
Sachsenweg 11; Tel. 0 83 22/70 60, Fax 70 62 86; www.parkhotel-frank.de; 78 Zimmer ●●●●

Haus Erika garni
Gemütlich, urig und ruhig, trotzdem nur wenige Minuten zum Zentrum.
Wittelsbacherstr. 8; Tel. 0 83 22/9 61 70, Fax 96 17 37; 16 Zimmer ●●

Museum

Heimatmuseum
Die Ausstellung zeigt bäuerliches Leben im Mittelalter und, mit Größe 480 und zwölf Zentnern Gewicht, den größten Schuh der Welt; 1930 von Schuhmachermeister Josef Schratt aus 18 Rinderhäuten gefertigt.
Oststr. 13; Mai–Okt. und Dez.–April Di–Sa 10–12, 14–17.30 Uhr

Service

Auskunft
Kurverwaltung Oberstdorf
Marktplatz 7; Tel. 0 83 22/70 00, Fax 70 02 36; www.oberstdorf.de

Ziel in der Umgebung

Kleinwalsertal

→ S. 117, E 12/F 11

Hier im südlichsten Oberallgäu enden alle Straßen – auch die B 19 aus Sonthofen. Und eigentlich ist dies ja auch ein Niemandsland – staatspolitisch gesehen gehört das Kleinwalsertal nämlich zu Österreich. Da es aber von dort aus wegen **Widderstein** (2533 m), **Geißhorn** (2366 m), **Gottesackerwände** (2143 m) und **Kanzelwand** (2069 m) nicht zu erreichen ist, gilt doch bundesdeutsches Wirtschaftsrecht. Nicht zuletzt deshalb mag sich so mancher, der durch die Walser-Dörfer **Riezlern** (1086 m), **Hirschegg** (1124 m) und **Mittelberg** (1215 m) bis nach **Baad** (1244 m) fährt, wundern, denn an der Straße gibt es mehr Banken und Sparkassen als Hotels. Das liegt wohl daran, dass trotz allem das österreichische Bankgeheimnis gilt.

Der Besuch lohnt aber in jedem Fall: Einen der schönsten spätgotischen Altäre Österreichs (um 1506) finden Sie in der Kapelle **Maria Helf** (1796) von Riezlern-Unterwestegg.

Der **Große Widderstein** (2533 m), hohes Wahrzeichen und kantiger Wächter über das ganze Tal, gilt als ideales Ziel aller Bergwanderer und Kletterer. Im Winter führen zwei Dutzend Seilbahnen und Schlepplifte auf 80 km Skipisten.

Südl. von Oberstdorf

MERIAN-Tipp

8 Dinner in der Kanzelwandbahn

Originell speisen kann man bei einem bewegten »Mehrgänge-Menü« in einer der Sechser-Gondeln der **Kanzelwandbahn** in Riezlern. Die Gondel wird zum kuscheligen Separee mit kunstvoll gedecktem Tisch, der kulinarische Exkurs beginnt im Tal mit einem Glas Aperitif und allem, was noch dazu gehört. Gangwechsel jedes Mal beim Eintreffen in der Bergstation. Das Dessert nimmt man auf der windgeschützten Sonnenterrasse ein.

Infos gibt es unter Tel. 00 43/(0)55 17/5 27 40 oder unter www.kanzelwandbahn.de ●●

→ S. 117, F 11

Hotels/andere Unterkünfte

Walserhof

Gemütliches und gepflegtes Vier-Sterne-Hotel im alpenländischen Baustil.

Walserstr. 11, Hirschegg;
Tel. 00 43/(0) 55 17/56 84;
www.wellnesshotel-walserhof;
43 Zimmer ●●●

Essen und Trinken

Scharnagl's Alpenhof

Allgäuer Küche auf höchstem Niveau: leicht oder Gourmet, vielfach ausgezeichnet. Spitzenweinkarte!

Zwerstr. 28, Rietzlern;
Tel. 00 43/(0) 55 17/52 76;
Mi und Do bis Mittag geschl. ●●●

Service

Auskunft

Kleinwalsertal Tourismus im Walserhaus
Walserstr. 64; 87568 Hirschegg;
Tel. 00 43/(0) 55 17/5 11 40, Fax 51 14 21; www.kleinwalsertal.com
Außenstelle Mittelberg
87569 Mittelberg im Ortszentrum
Außenstelle Riezlern
87567 Riezlern im Ortszentrum

Wetterdienst

www.wetter-allgaeu.de

Bergsteigerschule Kleinwalsertal

Sonnenhalde 6, A-6993 Mittelberg;
Tel. 00 43/(0) 55 17/3 02 45;
www.bergschule-kleinwalsertal.de

Auf der Sonnenterrasse an der Bergstation der Kanzelwandbahn mischt sich moderne Architektur mit Landschaftsidyll.

Wie schallt's von der Höh'?

Das Alphorn ist nicht nur in der Schweiz beheimatet. Auch im Allgäu genießt es Kultstatus.

Keiner weiß genau, wo es herkommt: Das Alphorn ist, wie die meisten Horninstrumente, in allen Kontinenten zu Hause. Es wurde in Schweizer Regionen wie in Südamerika oder im fernen Tibet zu allen Zeiten »erfunden«. Meistens diente das hölzerne Horn der Verständigung in unzugänglichen Gebieten. Viehhirten etwa nutzen es zur Kommunikation ins Tal. In abgelegenen Bergregionen »sprach« man so mit seinen Nachbarn oder rief um Hilfe.

Schon damals wurde das Instrument aus verschiedenen Materialien und in unterschiedlichen Formen hergestellt. Je nach Dicke der Wandung, Durchmesser und Rohrverlauf konnte ein anderer Klang erzeugt werden. Nachdem das Alphorn jedoch ohne Grifflöcher und Klappen auskommt, kann auf ihm nur die Naturtonreihe gespielt werden (die Reihe der Obertöne, die beim Überblasen eines Tons auf einem Blasinstrument entstehen). In der Alpenregion geht die älteste belegte Beschreibung eines solchen Instrumentes auf einen Klosterbrief aus dem Wallis aus dem Jahr 1555 zurück. Im Allgäu ist das Alphorn seit rund 400 Jahren heimisch. Das beweist eine Darstellung am Altar in der Rohrmoos-Kapelle bei Oberstdorf-Tiefenbach.

Wenn wir heute vom Alphorn sprechen, meinen wir ein langes, oben gerades, unten gebogenes Horn aus Holz. Traditionsgemäß wird es aus dem Baumstamm einer Rottanne oder auch einer Fichte geschaffen, die an einem Steilhang gewachsen sein sollten. So ist die richtige Krümmung des Trichters garantiert. Im Optimalfall stand der Baum auf über 1200 Meter Höhe, wo die Vegetationszeiten kurz sind. Das lässt die Jahresringe schmal werden, so dass sie eng beieinander liegen. Josef Wagner, alteingesessener Alphornbauer aus Oberstaufen, unterstreicht diese These: »Eng gewachsenes Holz ist im Musikinstrumentenbau grundsätzlich wichtig, und in Hochlagen wachsen die Bäume eben sehr langsam.« Heutzutage

sind Alphörner auch zwei- oder dreiteilig – allein schon aus Transportgründen. Modernere Varianten gibt es inzwischen auch aus Kohlefasern, deren Teilstücke teleskopartig ineinander geschoben werden. Doch das sind Experimente, noch setzt sich die Tradition aus Holz durch.

SEHNSUCHTSVOLLE TÖNE

Im 16. und 17. Jahrhundert waren Alphornbläser angesehene Leute, die in einer eigenen Zunft zusammengeschlossen waren. Später geriet die Musikkunst in Vergessenheit und erlebte erst in der zweiten Hälfte des 20. Jahrhunderts eine Renaissance. Auch im Allgäu versuchten sich eifrige Heimat- und Volksmusikpfleger am Wiederaufbau des Alphornwesens. 1958 erschallte nach langer Zeit wieder ein Alphornruf von Hindelangs Höhen über das Tal. Die Begeisterung schwappte umgehend auf die Freunde der Volksmusik über. Von da an hielt das »Hirten-Handy«, wie das Instrument später scherzhaft bezeichnet wurde, nicht nur Einzug bei Heimatabenden. Auch bei Bergmessen oder gar in Konzertsälen gehörte der Auftritt von Alphornbläsern bald schon zum beliebten Standard.

Inzwischen gibt es im ganzen Allgäu über 60 Gruppen von Alphornspielern. Ein Alphorn-Konzert ist ein echtes »Gänsehaut-feeling«. Der eigenwillige Klang berührt die Seele. Er entführt den Zuhörer in die Weite der Allgäuer Bilderbuchlandschaft. Sehnsüchtige Töne sind es, die dieses außergewöhnliche Instrument hervorbringt. Traditionsgebunden ist die Musik, die darauf gespielt wird. Bleibt zu bemerken, dass die Begeisterung für den Klang des Alphorns inzwischen auch bei den Jüngeren auf »in-Kurs« steht. Die Treffen der Alphornbläser zeigen es.

ALPHORNVERANSTALTUNGEN

- Das Allgäuer Alphorntreffen, alljährlich im August in Burgberg, ist eines der wohl schönsten Hirtentreffen in der Alpenregion.
- Die »Älplerletze«, eine Bergmesse im September, beendet die »Viehscheid«, abwechselnd in Oberstdorf, im Tannheimer Tal und im Kleinwalsertal.
- Die »Berglar Kirbe« geht auf eine uralte Hirtentradition zurück; im Juli am Fellhorn. (Termine bei den Verkehrsämtern).

Das Alphorn wurde von alters her in den bäuerlichen Bergregionen als weit hörbares Hirtenhorn benutzt. In heutiger Zeit erfährt es ein Revival als »kultiges« Musikinstrument.

Ostallgäu mit Seenplatte

Märchenschlösser im Königswinkel, Märchenpanorama von den Berggipfeln. Dazwischen: Natur pur.

Fast schon unwirklich, aber wahr: Das Märchenschloss König Ludwigs II. bei Schwangau gehört zu den meistbesuchten Attraktionen Deutschlands. Rund 1,3 Millionen Menschen besichtigen jährlich die Burg des menschenscheuen Monarchen.

Kini« sagen manche Leute im bayerischen Allgäu, wenn sie ehrfurchts- und liebevoll zugleich über den bayerischen König Ludwig II. (1845–1886) sprechen. Weil er ein Träumer, ein Verschwender und ein Kunstsinniger zugleich war und auf einem schmalen Felsgrat der Alpen bei Schwangau ein märchenhaftes Schloss bauen ließ, hat das Füssener Land heute einer alljährlichen Millionenschar von Urlaubern Bayerns Touristenattraktion Nummer eins zu bieten. Die viel zitierte Behauptung, der Märchenkönig habe das Land Bayern mit seiner Liebe zur Architektur beinahe in den Ruin getrieben, stimmt übrigens nicht. Ludwig II. hat seine Stein gewordenen Träume aus seinem Privatvermögen finanziert.

Füssen

⇢ S. 119, D 13

13 900 Einwohner
Stadtplan → S. 55

Rund 120 km südwestlich der bayerischen Hauptstadt München liegt das so genannte »Füssener Land« mit der liebenswerten Allgäuer Bergstadt und ihrem historischen Mittelpunkt, dem mächtigen **Kloster St. Mang**. Auf der östlichen Seite des Lechs liegt das kleinere **Schwangau** mit den beiden Königsschlössern **Hohenschwangau** und **Neuschwanstein** (→ S. 58). Um diese drei königlich-klösterlichen Highlights herum finden wir am Fuße von Tegelberg (1720 m), Säuling (2047 m) und Aggenstein (1987 m) eine ausgesprochen schöne Seenplatte in die Landschaft hineingetupft: den großen, durch Lech-Wasser aufgestauten **Forggensee** im Norden; den von Schwimmern und Anglern geliebten **Weißensee** im Westen; den nordwestlich gelegenen **Hopfensee** – auch die »Riviera des Allgäus« genannt; den Lieblingssee Ludwigs II., nämlich den **Alpsee** im Südosten; den **Bannwaldsee** östlich vom Forggensee und schließlich den im Wald versteckten **Schwansee** gleich südlich von Schwangau.

Das Füssener Land ist sommers wie winters gleichermaßen attraktiv: ein perfekt geführtes Urlauberzentrum mit Kur- und Kneipp-Charakter, dem einst der mit dieser Landschaft »verbandelte« König mit seinem Neuschwanstein die Krone aufsetzte.

Doch schon lange vor ihm, nämlich bereits vor 2000 Jahren, hatten sich die Römer in die Füssener Bergwelt verliebt. Sie gründeten ihr »Foetibus« als Militärstation an der wichtigen Via Claudia Augusta. Friedlicher ging es dann schon im 8. Jh. zu, als der »Apostel des Allgäus«, der Mönch Magnus, hier am Lech eine Missionszelle errichtete, aus der dann das Benediktiner-Kloster **St. Mang** entstand – geistiger und künstlerischer Mittelpunkt der Stadt für tausend Jahre. Weil zur damaligen Zeit bei Füssen einer der wenigen passierbaren Alpenpässe lag, wurde es im Mittelalter bedeutsamer und reicher Umschlagplatz auf der Handelsroute zwischen Oberitalien und der Donauregion.

Vergangenheit ist in Füssen allgegenwärtig. Weltberühmte Künstlernamen wie Jörg Lederer, Anton Sturm, Johann Jakob Herkomer und Dominikus Zimmermann tauchen beim Rundgang durch die historische Altstadt immer wieder auf. Sogar die Geigenbauer-Tradition hat in Füssen seit 1982 wieder goldenen Handwerksboden.

Das Wahrzeichen der Stadt, das **Hohe Schloss**, geht auf den bayerischen König Ludwig den Strengen zurück. Doch der Augsburger Fürstbischof tauschte einige andere Ländereien dagegen ein und erhielt dafür 1313 die Vogteirechte über ganz Füssen. Im 16. und 17. Jh. war das Füssener Handwerkerviertel das Zentrum der **Lautenmacherkunst**. Als die Laute im Orchester der Geige weichen musste, spielte für eine längere Zeit der Füssener Meister Kaspar Tiefenbrucker, vielleicht der bekannteste von 800 Geigenbauern, im Instrumentenbau weltweit »die erste Geige«.

Die mit 800 bis 1200 m höchstgelegene Stadt Bayerns hat sich einerseits ihre mittelalterliche Romantik bewahrt, andererseits sorgt sie mit den modernen Geschäftsstraßen zwischen Kornhaus, Brotmarkt und Schrannengasse auch für pulsierendes Leben.

Hotels/andere Unterkünfte

Hotel Luitpoldpark → S. 55, b 1

4-Sterne-Haus mit viel Komfort und jeder Menge Wellness-Angeboten, direkt am angrenzenden Stadtpark gelegen. Luxuriöse Zimmer und Suiten mit Marmorbad.

Diverse Restaurants bieten abwechslungsreiche Küche, von Allgäuer Schmankerln bis hin zu internationalen Gerichten.

Luitpoldstr. 1; Tel. 0 83 62/90 40, Fax 90 46 78; 131 Zimmer ●●● CREDIT

Hotel Sonne → S. 55, b 2

Zentral, nur ein paar Schritte vom Hohen Schloss entfernt gelegen. Zimmer mit modernem Konfort und wohlklingenden Namen, wie Via Claudia oder Prinzregent.

Reichenstr. 37; Tel. 0 83 62/90 80, Fax 90 81 00; www.hotel-sonne.de; 52 Zimmer ●● CREDIT

Spaziergang

Auf einem etwa halbstündigen Bummel durch Füssens Altstadt entdeckt man viele versteckte Schönheiten. In dem im Süden durch das **Lechufer** begrenzten Viertel zwischen **Luitpoldstraße, Sebastianstraße** und **Blutangerweg** befindet sich der historische Kern der Stadt. Die Fußgängerzone im so genannten Gassen-Quadrat links und rechts der **Reichenstraße**, der ehemaligen römischen Heerstraße, erinnert mit ihren prächtigen Geschäftshäusern an die jahrhundertealte Handelsmetropole Füssen. **Stiftkirche** und **Kloster St. Mang** sind gleich unterhalb des Hohen Schlosses direkt am Lechufer gelegen. Über die »Lechhalde«-Straße hinweg erreicht man die **Spitalkirche**. Durch die alte Flößergasse spaziert man nun direkt auf das **Franziskaner-Kloster** sowie die dazugehörende **Franziskanerkirche** zu. Hier sieht man noch die Reste der alten Stadtmauer von 1330 sowie das Bleichertörle, ein rechteckiger Turm aus dem 16. Jh.

Vom Franziskanerplatz über die Klosterstraße finden wir rechter Hand entlang der Stadtmauer den **Alten Friedhof** mit dem Grab des bayerischen Hofmalers Dominik Quaglio. Über die Sebastianstraße links in die Reichenstraße kommt man wieder in die Fußgängerzone.

Sehenswertes

Hohes Schloss → S. 55, a 2/3

Es steht tatsächlich hoch oben, höher als das benachbarte Kloster St. Mang. Das Hohe Schloss, eines der wichtigsten spätgotischen Schlösser in Deutschland, war eigentlich eine Festungsburg aus dem 13. Jh. Die Augsburger Fürstbischöfe ließen daraus jedoch um 1500 ein Schloss bauen. Die schöne spätgotische Fassadenmalerei wurde 1958 freigelegt und restauriert. Beeindruckend sind der **Rittersaal** sowie die **Bibliothek**.

St. Mang → S. 55, a/b 3

Kirche und Kloster St. Mang gehen ineinander über und tragen die klassische Handschrift ihres Baumeisters, Freskomalers und Stukkateurs Johann Jakob Herkomer (1652–1717). Den Bau begann er 1701 auf den Trümmern des alten Benediktinerklosters. Der Freskenzyklus zu Ehren des Kirchenpatrons St. Mang stammt von ihm wie auch die Altäre der Klosterkirche.

Die kleine **St.-Anna-Kapelle** zeigt Totentanzbilder des Füssener Malers Jakob Hiebeler sowie eine kostbare spätgotische »Muttergottes auf der Mondsichel«.

Museen

Museum der Stadt Füssen → S. 55, b 3

Im einstigen Kloster Sankt Mang kann man lokale Kunst zwischen Romanik und Rokoko sowie den einzigartigen Freskenzyklus (»Totentanz«) des Malers Jakob Hiebeler bewundern.
Lechhalde 3; April–Okt. Di–So 10–17, Nov.–März Di–So 13–16 Uhr; Eintritt 3 €

Staatsgalerie Füssen → S. 55, a 2/3

Gemälde und Skulpturensammlung, untergebracht im Hohen Schloss.
Magnusplatz 10; April–Okt. Di–So 11–16, Nov.–März Di–So 14–16 Uhr; Eintritt 3 €

Essen und Trinken

Restaurant Hirsch → S. 55, b 1

In einem fürstlichen Stadtpalast mit goldgeränderter Fassade befindet sich das Hotel-Restaurant im bayerischen Stil mit regionaler Küche.
Kaiser-Maximilian-Platz 7; Tel. 0 83 62/93 98-0 ●●● CREDIT

Gasthof Krone → S. 55, b 2

Hier darf man mit den Fingern essen! Traditionsreiches mittelalterliches Lokal in einem historischen Gebäude der Altstadt von Füssen. Im Ausschank gibt es die beliebten Biere der Schlossbrauerei Kaltenberg. Mägde und ein Herold dürfen da nicht fehlen. Gelage für Gruppen auf Bestellung.
Schrannengasse 17; Tel. 0 83 62/78 24; www.krone-fuessen.de ●● CREDIT

Am Abend

Alpen-Filmtheater → S. 55, b 1

Das aktuelle Programm – und dazu manchmal noch den romantischen »Ludwig II.« mit O. W. Fischer.

Badespaß mit Bergpanorama: Der Weißensee – einer von vielen kleinen und großen Voralpenseen rund um Füssen – ist ganzjährig ein beliebtes Ausflugsziel.

Augustenstr. 15; Tel. 0 83 62/94 11 83; www.alpenfilmtheater.de

Eisstadion ⇢ S. 55, westl. a 2

Entweder gute Eishockey-Oberligaspiele oder heiße »Super-Eis-Disco«.
Am Kobelhang 2; Tel. 0 83 62/5 07 50; Ende April–Ende Juni kein Eisbetrieb

Festspielhaus Neuschwanstein ⇢ S. 55, östl., c 2

Ludwig², ein neues deutsches Musical, realisiert von einem internationalen Team vor der malerischen Originalkulisse der Allgäuer Alpen und des Schlosses Neuschwanstein, feierte im März 2005 im Festspielhaus Neuschwanstein Premiere. Damit wurde das seit April 2000 laufende Musical »Ludwig II.« von einem würdigen Nachfolger abgelöst.
Info-Tel. 0 83 62/5 07 70 oder Ticket-Hotline 0 18 05/13 11 32; Vorführungen: Di–So 19.30, Sa/So 14.30 Uhr; www.festspielhaus-neuschwanstein.de oder www.ludwig2musical.de; Tickets ab 15 € bis 95 €

SERVICE

Auskunft

Tourist-Information Füssen
Kaiser-Maximilian-Platz 1; Tel. 0 83 62/9 38 50, Fax 93 85 20; www.stadt-fuessen.de

Ziele in der Umgebung

Nesselwang ⇢ S. 118, B/C 13

3600 Einwohner

Der beliebte Ferien- und Wintersportort, 18 km nordwestlich von Füssen, liegt zwischen dem Grüntensee und der Alpspitze und bietet (von 850–1600 m ü. d. M.) nicht nur romantische Rad- und Wanderwege im Sommer, sondern auch etliche alpine Skiabfahrten, eine 4 km lange Natur-Rodelbahn und sogar eine Nordische Sprungschanze.

Auf den ersten Blick erkennt man die Pfarrkirche **St. Andreas** an der prächtigen Zwiebelhaube des Turms. Der erst 1904 im Neurokoko ausgestattete Innenraum zeigt unter ande-

rem Zunftstangen von 1670 sowie einige gotische Holzfiguren. In einer 50-minütigen Wanderung gelangt man zur barocken **Wallfahrtskirche Maria Trost** mit ihrem wunderschönen Gnadenbild.
18 km nordwestl. von Füssen

Hotels/andere Unterkünfte

Brauereigasthof Post
Seit 1650 Postkutschen-Gasthof mit gemütlicher Gaststube und kleinem Brauereimuseum. Gleich gegenüber der Pfarrkirche.
Hauptstr. 25;
Tel. 0 83 61/3 09 10, Fax 3 09 73;
www.hotel-post-nesselwang.de;
50 Betten ● MASTER VISA

Ferienhotel Alpspitz
Zentral in der Kurzone und dennoch ruhig gelegen, mit allem Komfort.
Badeseeweg 10; Tel. 0 83 61/30 30, Fax 30 32 00; www.alpspitzhotel.de;
36 Zimmer ● CREDIT

Service

Auskunft
Gäste-Information Nesselwang
Lindenstr. 16; Tel. 0 83 61/92 30 40, Fax 92 30 44; www.nesselwang.de

Pfronten

→ S. 119, C 13

7700 Einwohner

Über die B 314 und 309 zu erreichen, unweit der A 7, findet man ein weiteres alpines »Hochglanz-Paradies« mit jeglicher nur erdenklichen Freizeit- und Sport-Infrastruktur. Der beliebte Kur- und Ferienort Pfronten liegt ganz romantisch zwischen Vils und Ach, Falkenstein und Edelsberg eingebettet. Über blumige Wiesen und rot gedeckte Bürgerhäuser ragt der hohe Turm der barocken Pfarrkirche **St. Nikolaus** empor. Jeweils am 2. September-Samstag bei der **Viehscheid** mit Alphornbläsern, Umzug und Festzelt lassen die Bewohner ihre Traditionen aufleben.

Ein schönes Wanderziel ist die nahe **Burgruine Falkenstein.**
14 km westl. von Füssen

Hotels/andere Unterkünfte

Burghotel Falkenstein
Dort, wo der König eigentlich bauen wollte, in 1200 m Höhe, steht nun ein Hotel mit königlichem Alpenblick, zu dem auch eine gemütliche Ausflugsgaststätte gehört.
Meilingen-Falkenstein;
Tel. 0 83 63/91 45-50, Fax 91 45-5 55 55;
www.berghotel-falkenstein.de;
Restaurant Mitte Jan.–März Do geschl.;
30 Zimmer ●●●● AmEx MASTER VISA

Alpenhotel Krone
Schön bemalte Fassade, komfortable Zimmer, eleganter Speisesaal.
Tiroler Str. 29;
Tel. 0 83 63/69 05-0, Fax 69 05-5 55;
www.alpenhotelkrone.de; 32 Zimmer
●● CREDIT

Service

Auskunft
Kur- und Verkehrsamt Pfronten
Vilstalstr. 2; Tel. 0 83 63/6 98-88, Fax 6 98-66; www.pfronten.de, E-Mail: info@pfronten.de

Schwangau

→ S. 119, D 13

3400 Einwohner

Ein Ort wie aus dem Bilderbuch – nicht zuletzt wegen der beiden Königsschlösser. Etwas verschlafen vielleicht, dafür weltbekannt. Der Kurort bietet aber noch mehr als Märchenromantik und große Heilerfolge.

Vier der schönsten Allgäuer Seen liegen ihm zu Füßen: Forggensee, Alp-, Bannwald- und Schwansee sind für ihre guten Wassersportmöglichkeiten bekannt. Der nahe Tegelberg ergänzt das Freizeitsportprogramm um etliche Wandermöglichkeiten sowie Exkurse ins Reich von Ikarus (Tandemflüge, → Sport und Freizeit, S. 25).
3 km nordöstl. von Füssen

Sehenswertes

Schloss Hohenschwangau

→ S. 55, östl. c 2

Die Ritter von Schwangau, Lehensträger der Welfen, ließen im 11./12. Jh. eine mächtige Burg namens »Schwan-
4 stein« errichten. Im 16. Jh. wurden Türme, Wehrmauern und Bastionen gebaut. Danach verfiel die nun schon »Hohenschwangau« genannte Burg. Bis sich zu Beginn des 19. Jh. der romantische Kronprinz Maximilian, Sohn von König Ludwig I., bei einem Ausflug in diese Burgruine verliebte und 1833 den Theatermaler Dominik Quaglio beauftragte, unter Berücksichtigung der Ruinen ein neues Schloss im englischen Tudorstil zu bauen. Wandgemälde von Christian Ruben zeigen Szenen aus der Lohengrin-Sage. Fotografieren verboten!

Tel. 0 83 62/93 08 30; www.hohenschwangau.de; 1. Okt.–31. März 10–16, 1. April–30. Sept. 9–18 Uhr, 24. Dez. geschl.; Eintritt Erw. 9 €, ermäßigt 8 €; Eintrittskarten im Ticketcenter; Reservierungen gegen Zuschlag; »Königsticket« für Besucher beider Schlösser, beginnend mit Hohenschwangau: 17 €, ermäßigt 15 €, Kinder unter 18 Jahren frei

Hier verbrachte König Ludwig II. seine Kindheit: Schloss Hohenschwangau hat den Monarchen zu Größerem inspiriert.

Schloss Neuschwanstein

→ S. 55, östl. c 2

Haben Sie erst einmal (ab dem Parkplatz) die 30 Min. Fußweg hinauf zum Schloss geschafft – oder Sie sind mit der Kutsche gefahren (Bergfahrt 5 €) –, so tut sich Ihnen jetzt, in den Sälen und Gemächern von Neu- 5
schwanstein, die Traumwelt des unglücklichen Märchenkönigs Ludwig II. auf. Nach seiner Jugendzeit im romantischen Schloss Hohenschwangau ließ sich der König gleich nebenan Neuschwanstein im Stile einer Ritterburg errichten. Diese wollte Ludwig einmal seinem verehrten Freund Richard Wagner überlassen. Die Ausgestaltung des Sängersaals orientiert sich an Wagners »Tannhäuser«, der Burghof an »Lohengrin«. Über zwei Geschosse erstreckt sich der 15 m hohe, in Blau und Gold gehaltene Thronsaal, der einer byzantinischen Basilika nachempfunden wurde. Benutzt wurde er zu Ludwigs Lebzeiten nie. 1869 nach den Entwürfen des Theatermalers Christian Jank begonnen, wurde auch der Hauptbau samt Einrichtung erst im Todesjahr des Königs 1886 beendet.

Einen Ausflug lohnt die nahe Marienbrücke über die Pöllatschlucht.

Tel. 0 83 62/93 08 30; 1. April–30. Sept. 9–18, 1. Okt.–31. März 10–16 Uhr, 1. Nov., 24./25. Dez., 31. Dez., 1. Jan., Faschingsdienstag geschl.); Eintritt Erw. 9 €, ermäßigt 7 €

Wallfahrtskirche St. Coloman

→ S. 55, östl. c 2

Wo war er nicht, der gleichnamige irische Mönch St. Coloman? 1673 wurde ihm zu Ehren auch hier eine Kirche errichtet. Der Bau ist wegen seiner herrlichen Lage zu Füßen der Schwangauer Berge nicht nur ein beliebtes Fotomotiv, im Inneren erfreut ein stilreines barockes Interieur den kunsthistorisch Interessierten.

Der alljährliche Colomannsritt am 2. Oktobersonntag ist jedoch die Attraktion schlechthin. Über 200 herausgeputzte Pferde, Reiter und Trachtenträger versammeln sich dann vor der Kulisse der Königsschlösser, um in einem musikalisch begleiteten Umzug zur Kirche zu ziehen. Nach guter Allgäuer Tradition wird dann vor Ort auch fürs leibliche Wohl gesorgt.

SERVICE

Tourist-Information Schwangau
Münchner Str. 2; Tel. 0 83 62/8 19 80, Fax 81 98 25; www.schwangau.de

Kaufbeuren

→ S. 114, C 6

42 700 Einwohner
Stadtplan → S. 62

Nach dem Zweiten Weltkrieg kam in die »Stadt mit Tradition«, wie Kaufbeuren für sich selbst wirbt, wieder junges Leben: Über 18 000 heimatvertriebene Sudetendeutsche siedelten sich im neu gegründeten Stadtteil **Neugablonz** an und bauten in rund 500 Handwerksbetrieben die größte Glas- und Schmuckindustrie Deutschlands auf. Auch das hatte zuvor, nämlich im böhmischen Gablonz, Tradition gehabt.

Die ehemalige Freie Reichsstadt und heutige Ostallgäuer Hauptstadt ist ihrer Vergangenheit verpflichtet: mittelalterliche Türme allüberall; feste, dicke Stadtmauern künden von der einstigen Wehrhaftigkeit; stolze Bürgerhäuser und kunstreiche Kirchen gruppieren sich um die frühere Kernzelle der Macht, den fränkischen Königshof (8. Jh.); mittelalterliche Gassen und romantische Feste erzählen von König Rudolf von Habsburg, der Kaufbeuren 1286 alle Rechte einer Reichsstadt bestätigte.

Kaufbeuren war schon damals eine der größten Handels- und Handwerkerstädte im süddeutschen Raum. Außer von Landwirtschaft und Viehhandel lebte man von der Waffenschmiede, der Papierherstellung, dem Tuchhandel und der Weberei. »Kaufbeuren« (»Zu den Kaufhäusern«) nannte man bereits anno 1301 das Städtchen im Alpenvorland.

Lebendiges Mittelalter: Das Tänzelfest in Kaufbeuren ist eine Sommerattraktion, die jährlich tausende Besucher anzieht.

Glücklicherweise war die Stadt schon um 1200 so wohlhabend, dass man eine wehrhafte Stadtmauer erbaute, die laufend verstärkt wurde. So konnten in den Jahren 1315, 1377 und 1388 drei gefährliche Belagerungen abgewehrt werden. Mit Verleihung der Hochgerichtsbarkeit 1418 gewann die Stadt weiter an Bedeutung. Die Reformation hielt 1545 Einzug, doch mit der Gegenreformation gewann bald die katholische Seite wieder die Oberhand.

Die Pest machte nicht vor der Stadtmauer halt und raffte während des Dreißigjährigen Krieges, besonders aber im Winter 1627/28, drei Viertel der Bewohner dahin. Ein Jahr später, 1629, verließ die Hälfte der Restbevölkerung die Stadt, weil Ferdinand II. dies allen Lutheranern befahl (»Reichsrestitutionsedikt«). Das war das Ende der wirtschaftlichen Herrlichkeit. Erst mit den Bayern, die 1802 die Stadt besetzten, kam erneut der Aufschwung.

Hotels/andere Unterkünfte

Flairhotel Am Kamin

→ S. 62, südl. c 2

Feiern oder Wohnen, Ausruhen oder einfach nur essen: Das gemütliche Hotel am Ortsrand von Kaufbeuren ist facettenreich. Ein aufmerksames Team sorgt im Restaurantbereich fürs Wohlbefinden, eine kreative Speisekarte für den Rest.

Füssener Str. 62;
Tel. 0 83 41/93 50, Fax 9 35-2 22;
www.flairhotel-am-kamin.de; 35 Zimmer
●● CREDIT

Hasen → S. 62, c 2

Gutbürgerliche Küche mit eigener Metzgerei.

Ganghoferstr. 7/8; Tel. 0 83 41/96 61 90,
Fax 9 66 19 55; www.hotel-hasen.com;
75 Zimmer ●● AmEx MASTER VISA

Gasthof Leitner → S. 62, nördl. c 1

Sauber geführtes, alteingesessenes Hotel; 10 Gehminuten zum Zentrum.

Neugablonzer Str. 68; Tel. 0 83 41/33 44,
Fax 87 46 70; 22 Zimmer ● CREDIT

Spaziergang

Wir beginnen am **Rathaus**. Vom Ringweg biegen wir rechts ab in die Ludwigstraße und kommen am Geburtshaus der Arzttochter und späteren Romanautorin Sophie von La Roche vorbei. Von hier aus sieht man den 44 m hohen Turm der **Dreifaltigkeitskirche**, dem ehemaligen Kaiserhaus (1604). Gleich dahinter liegt das **Puppentheatermuseum** im renovierten Spielbergerhof sowie das **Lederer-Haus,** in dem der Bildhauer Jörg Lederer seine Werkstatt hatte.

Vorbei am **Hexenturm** (Wehrturm um 1420) kommen wir zum Wahrzeichen der Stadt, zum **Fünfknopfturm** (um 1420). Hier geht es nun 300 m weit immer an der historischen Stadtmauer entlang. An ihrem nördlichen Ende steht die **St.-Blasius-Kirche**. Die Stadtmauer führt direkt unter dem **Blasiusturm** hindurch. In südlicher Richtung gehen wir nun »Unter dem Berg« in Richtung **Crescentiakloster** und **Tänzelfestbrunnen** weiter, dann »Am breiten Bach« am **Stadtmuseum** vorbei bis zur **St.-Martins-Kirche**, de-

Der Lehrpfad »Via Aqua« führt in einem beschilderten Rundparcours am westlichen Stadtrand von Kaufbeuren auch durch ein dichtes Waldgebiet.

ren 75 m hoher Turm uns schon von weither Orientierungshilfe ist. Gleich daneben steht das **Geburtshaus** des Schriftstellers **Ludwig Ganghofer** – womit wir ein paar Schritte weiter wieder am Ausgangspunkt unseres Spaziergangs angelangt wären.
Dauer: 75–90 Minuten

Sehenswertes

Dreifaltigkeitskirche S. 62, b 2

Als der Kaiser 1604 den Kaufbeurer Protestanten den Zugang zur bisher simultan genutzten katholischen St. Martinskirche verbot, da reagierten die reichen lutherischen Kaufleute und Handwerker prompt: In nur 39 Wochen erbauten sie ihre neue Dreifaltigkeitskirche – so, wie sie heute noch zu sehen ist, mit reicher spätbarocker Innenausstattung. Der Turm kam 1820/21 hinzu.

Fünfknopfturm S. 62, a 2

Ein vierseitiger, sechs Etagen hoher Turm an der Westseite der Stadtmauer ist das Wahrzeichen von Kaufbeuren (erbaut um 1420). Die Türmerstube ist heute noch bewohnt.

Rathaus S. 62, b 2

Rund um das Rathaus, vor allem entlang der Kaiser-Max-Straße, stehen eindrucksvolle Bürgerhäuser. Doch allemal prächtiger erscheint dieses 1879 bis 1881 erbaute Gemeindehaus im Stil der Neurenaissance. Nach einem Dachstuhlbrand 1960 wurden Dach und Fassade erneuert.

St.-Blasius-Kirche S. 62, a 1

Hier offenbart sich sowohl am Gebäude wie auch in der Inneneinrichtung die Stilreinheit der Spätgotik. Der Altar von 1518 ist ein Meisterwerk des Schnitzers Jörg Lederer. Ebenso wertvoll das Kruzifix im Chor und die 66 Bildtafeln aus dem 15. Jh. Um 1420 wurde der Blasiusturm neben die katholische Kirche und die Stadtmauer gesetzt. Somit konnten die Wehrleute der Bürgerschaft direkt vom Wehrgang in die Kapelle gehen und – »Helm ab zum Gebet« – Gott um Beistand bitten.

MERIAN-Tipp

9 Naturlehrpfad Via Aqua

Seit Juli 1998 bietet am westlichen Stadtrand von Kaufbeuren der Lehrpfad Via Aqua sehr anschaulich die Möglichkeit, das Thema Wasser und seine Wechselbeziehung mit der Umwelt etwas genauer unter die Lupe zu nehmen. Der Naturpfad beginnt am Gasthaus »Skihütte« nordwestlich von Oberbeuren. Im Verlauf eines sieben Kilometer langen Rundwanderwegs sind informative Schautafeln an acht Standorten – zu Themen wie »Geologischer Aufbau und Entstehungsgeschichte des Allgäuer Voralpenlandes« oder »Lebensraum Feuchtwiese« – aufgestellt. Die Gehzeit beträgt 2–3 Std. S. 114, C 6

St.-Martins-Pfarrkirche S. 62, b 1/2

Ein wechselvolles Kunst-Schicksal: erbaut als romanische Basilika mit einem 75 m hohen Turm (1403 begonnen), erfolgte 1438 bis 1443 ein gotischer Umbau zur dreischiffigen Hallenkirche. Um 1700 dann die Barockisierung, 1893 bis 1899 eine erneute Umgestaltung im Stil der Neugotik. Sehenswert der Hochaltar von Michel Erhart (um 1480).

Museen

Crescentia-Gedenkstätte S. 62, a 2

Erinnerungsstücke an das Leben der heilig gesprochenen Kaufbeurer Weberstochter und Ordensfrau Crescentia Höss (1682–1744) im Kloster.
Obstmarkt 5; Führungen Mi 15 Uhr und jeden 1. und letzten Sa des Monats um 15 Uhr, ansonsten nach Vereinbarung; Tel. 0 83 41/90 70; Eintritt frei

Isergebirgs-Museum Neugablonz

---> S. 62, nördl. c 1

Das Isergebirgs-Museum im Kaufbeurer Stadtteil Neugablonz sollte man besucht haben. Es dokumentiert rund 400 Jahre deutsch geprägte Kultur und Schmuckindustrie. Thematisch befasst man sich mit den historischen Entwicklungen, die nach dem Zweiten Weltkrieg in der Vertreibung der Sudetendeutschen gipfelten.

Das Museum gehört zu den Siegern im bundesweiten Wettbewerb »365 Orte im Land der Ideen«.

Im Gablonzer Haus, Marktgasse 8; Tel. 0 83 41/96 50 18; www.isergebirgs-museum.de; tgl. 14–17 Uhr, Mo geschl.; Eintritt Erw. 3 €, Schüler 2 €

Kunsthaus

---> S. 62, b 1

1996 in einem bemerkenswerten Neubau in der Altstadt eröffnet. Ganzjährig wechselnde Ausstellungen mit Schwerpunkt auf moderner und zeitgenössischer Kunst.

Spitaltor 2; Tel. 0 83 41/86 44; www.kunsthaus-kaufbeuren.de; Di–Fr 10–17, Do 10–20, Sa/So 11–17 Uhr, Weihnachten, Silvester und Neujahr geschl.; Eintritt Erw. 4 €, Schüler 1,50 €, Kinder bis 6 Jahre frei

Puppentheater-Museum

---> S. 62, a 2

Die Stiftung von Alois Raab zeigt Papiertheater, eine Drehorgelausstellung und Märchenkutschen.

Spielbergerhof, Ludwigstr. 41a; Tel. 0 83 41/1 41 21; Do–Sa 10–12 und 14.30–17, So 10–12 Uhr; Eintritt Erw. 2 €, Kinder 1 €

Essen und Trinken

La Trattoria → S. 62, b 2
Hier gibt es Pizza, Pasta und mehr – alles in guter italienischer Qualität.
Ringweg 23; Tel.0 83 41/1 28 54; kein Ruhetag ●

Restaurant Häring → S. 62, a 1
Frischer Fisch und deftige Balkanspezialitäten.
Kemptener Tor 9; Tel. 0 83 41/28 95; tgl. außer Mo ●

Einkaufen

Juwelier Hummel → S. 62, b 2
Mit Kreationen aus Neugablonz!
Sedanstr. 6; Tel. 0 83 41/23 63

Am Abend

Haus-Bar → S. 62, a 2
Gemütlich gestylte Bar im Hotel »Goldener Hirsch«, kleine Speisen, gute Cocktails und Mixgetränke.
Kaiser-Max-Str. 39–41; Tel. 0 83 41/4 30 30

Service

Auskunft → S. 62, b 2
Verkehrsverein Kaufbeuren
Kaiser-Max-Str. 1 (im Rathaus); Tel. 0 83 41/4 04 05, Fax 7 39 62; www.kaufbeuren.de

Ziele in der Umgebung

Auerberg → S. 115, D 8

Von Kaufbeuren aus fährt man in Richtung Füssen über Biessenhofen, Bertoldshofen und Bernbeuren nach Auerberg (ca. 20 Min.). Dort erhebt sich malerisch auf einer Bergkuppe thronend die **St.-Georgs-Kirche.** Ihr Turm beherrscht die ganze Landschaft. Der Bau stammt aus dem 15. Jh. Über dem Sakristeieingang ist

Die Türmerstube des sechsstöckigen Fünfknopfturms in Kaufbeuren ist heute noch bewohnt.

eine spätgotische Madonna mit Kind zu sehen, eine Arbeit des Bildschnitzers Jörg Lederer (um 1520).

Geografische Notiz am Rande: Der Auerberg (1055 m), auch »Rigi« genannt, liegt mit seiner Westseite im Landkreis Ostallgäu, der Teil mit der Kirche dagegen im Oberbayerischen.
20 km südl. von Kaufbeuren

Großkemnat → S. 114, C 6

Ein beliebtes Ausflugsziel, das Sie auch auf einem gut beschilderten Radweg bequem erreichen können, ist das Burggelände Kemnat, gleich nordwestlich hinter der alten Stadtgrenze und gemeinderechtlich noch zu Kaufbeuren gehörend. Majestätisch erscheint zunächst die spitztürmige **St. Stephankirche** von Kemnat. Etwas weiter oberhalb kommt man dann zum **Römerturm.** Dieser ehemalige Bergfried einer großen Burganlage stammt allerdings nicht

Brautradition und gehobene Gastronomie paaren sich im Irseer Klosterbräu mit vielseitigem Kulturprogramm, das in der Kleinkunstbühne im Altbau stattfindet.

aus der Römerzeit, sondern aus dem Mittelalter. Die Burganlage, auf deren Ruinen sich heute ein Freizeitgelände ausbreitet, war im 12. Jh. von den Herren von Kemnat erbaut worden.
3 km westl. von Kaufbeuren

Irsee

⟶ S. 114, C 6

1400 Einwohner

Wer nördlich der alten freien Reichsstadt Kaufbeuren über die B 16 in Richtung Bad Wörishofen das Wertachtal verlässt und durch eine Waldsenke eine der vielen eiszeitlichen Moränenablagerungen hinauffährt, dem öffnet sich nach rund 15 Autominuten die Aussicht auf die **Barockanlage** des ehemaligen **Reichsstiftes Kloster Irsee.** Hier befindet sich ein renommiertes Tagungszentrum als überregionales Forum zwischenmenschlicher Kommunikation.

6

Die prunkvolle Barockkirche mit den Patrozinien »Mariä Himmelfahrt« sowie »Peter und Paul« entstand zwischen 1699 und 1729. Baumeister der Klosterkirche war Franz Beer, die Stuckaturen schuf Joseph Schmuzer. Der Benediktiner-Mönch Magnus Remy malte die Sakristei und den Kapitelsaal aus, und die in Form eines Schiffes an der Takelage aufgehängte Kanzel schließlich schuf der Türkheimer Bildhauer Ignaz Hillenbrand.

Die Vorgeschichte von Kloster und Kirche zeigt wieder einmal, wie schön sich gelegentlich weltliche und religiöse Interessen verknüpfen lassen: Dort, wo heute die Friedhofskapelle St. Stephan steht, besaßen die Ritter von Ronsberg einst eine feste Burg namens »Ursin«. Doch im 12. Jh. sahen die Ritter die Notwendigkeit einer wehrhaften Verteidigung für ihr Land nicht mehr und wollten die kalten Gemäuer schnell loswerden. Es begab sich, dass die Eremiten im nahen Eiberger Wald starken Zulauf hatten, ein Kloster suchten und 1195 mit einem kleinen Anbau begannen.

Die Kirche und das prächtige Treppenhaus der Abtei (in der heute das Schwäbische Bildungszentrum seinen Sitz hat) können jederzeit besichtigt werden, der Klosterbau jedoch nur nach vorheriger Anmeldung.

Kulturveranstaltungen finden regelmäßig in der **Galerie und Kleinkunstbühne Altbau** statt.

5 km nordwestl. von Kaufbeuren
Klosterring 4; Tel. 0 83 41/9 06-6 01;
www.kloster-irsee.de

Hotels/andere Unterkünfte

Irseer Klosterbräu

Gemütlich-uriger Braugasthof mit Hotel, eigener Brauerei, wunderschönem Kamingewölbe, Biergarten und Braumuseum (die Führung dauert ca. 1,5 Std., inkl. Bierprobe in der Brauhausgalerie 4,50 €).

Klosterring 1; Tel. 0 83 41/43 22 00, Fax 43 22 69; Braugasthof tgl. 10–23 Uhr, Hotel mit 50 Zimmern ●● MASTER VISA

Stöttwang S. 115, D 6

1800 Einwohner

In Richtung Schongau fahrend, kommt man nach ca. 8 km in den kleinen Ort Stöttwang mit seiner barocken Pfarrkirche. Der Volksmund nennt die 1744 erbaute Rokokokirche die **Kleine Wies** (nach der Wieskirche bei Steingaden), weil sie so besonders schön ausgeschmückt ist. Der berühmte Stuckateur Franz Xaver Feichtmayr schuf die Kanzel, die beiden Augsburger Künstler Ägidius und Placidus Verhelst den prächtigen Hochaltar (1762) samt Kruzifix.

8 km östl. von Kaufbeuren

Marktoberdorf S. 114, C 7

18 500 Einwohner

Touristen kommen heute vor allem hierher, um zu wandern, zu kuren oder um schönen Konzerten zu lauschen. Im 6. Jh. indes zog der Ostgotenkönig Theoderich mit Waffengewalt ins Iller-Lech-Gebiet ein und zeigte den alemannischen Bauern und Fischern, wer das Sagen hat. Dann besiedelten die Franken das Dörfchen an der Wertach. Mit den Welfen kam im 11. Jh. der wirtschaftliche Aufschwung. War es noch anno 1150 ein »oberes Dorf«, so nannte man den kleinen Ort 100 Jahre später bereits »Oberdorf«. 1299 entstand hier ein Königshof, der zum Hochstift Augsburg gehörte. Seit der gemeinderechtlichen »Beförderung« 1453 zu einem »Markt« mit eigener Gerichtsbarkeit lautete der Name Markt Oberdorf. Als eine der Ersten im Allgäu wurde die Ortschaft 1870 ans Eisenbahnnetz angeschlossen. Selbst nach der Ernennung zur Stadt 1953 blieb es beim »Dorf« – nun allerdings aus sechs Ortsteilen als Marktoberdorf zusammengefügt.

Die im ehemaligen fürstbischöflichen Schloss beheimatete **Südbayerische Musikakademie** veranstaltet internationale Musik-Festivals.

Hotels/andere Unterkünfte

Sepp

Drei-Sterne-Haus mitten in der City.

Bahnhofstr. 13;
Tel. 0 83 42/70 90, Fax 70 91 00;
www.allgaeu-hotel-sepp.de; 43 Zimmer
●● AmEx MASTER VISA

Zarter Stuck und bunte Fresken im Inneren der St.-Martinskirche von Marktoberdorf ziehen den Blick auf sich.

Gästehaus Erhard
Bauernhof mit zwei großen Ferienwohnungen im Grünen gelegen.
Im Gschlatt 2; Tel. 0 83 42/25 01
● ▭

Gasthof zum Hirsch
Gemütliche, komfortable Zimmer.
Georg-Fischer-Str. 1; Tel. 0 83 42/23 42, Fax 71 91; www.hotel-hirsch-mod.de; 19 Zimmer ● CREDIT

Spaziergang

Die wichtigsten Sehenswürdigkeiten von Marktoberdorf hat man in einer knappen Stunde gesehen, wenn man vom **Marktplatz** aus über die Eberle-Kögl-Straße, die Schwaben- und Salzstraße in die Bahnhofstraße und wieder zurück über die Jahnstraße und die Georg-Fischer-Straße mit ihren alten Patrizierhäusern spaziert: die **Stadtpfarrkirche St. Martin**, die **Frauenkapelle**, das **Schloss** und natürlich – etwas weiter draußen – die denkmalgeschützte **Lindenallee**.

Sehenswertes

Lindenallee
200 Jahre sind sie schon alt, die rund tausend Linden, die da kerzengerade und wie auf eine Schnur gezogen zwei Kilometer lang auf die Stadt zuführen. Einmalig für das ganze Allgäu! Die Bäume stehen nicht nur unter Naturschutz – nein, die Denkmalspfleger von Marktoberdorf kümmern sich um die Erhaltung der Linden. Die Lindenallee heißt offiziell übrigens **Kurfürstenallee**, weil Kurfürst Clemens Wenzeslaus sie anlegen ließ.

Pestfriedhof
In Hochwieswald, am südlichen Ortsausgang, liegt ein so genannter Pestfriedhof, der vermutlich anno 1349 angelegt worden ist.

St. Martin und Schloss
Im Osten der Stadt beherrschen Schloss und Kirche die Ansicht. Beide Gebäude setzen die historischen Akzente von Marktoberdorf. Auf den Resten einer romanischen Kirche aus dem 12. Jh. errichtete der einheimische Baumeister Johann Georg Fischer 1732 die St. Martinskirche. Zarter Stuck des Mindelheimers Abraham Bader und die farbigen Fresken des Hofmalers Franz Georg Hermann werteten diesen Barockbau zu einer überregionalen Sehenswürdigkeit auf.

Eher bescheiden nimmt sich dagegen das benachbarte Jagdschloss des Kurfürsten Wenzeslaus aus (ebenfalls von Fischer erbaut). Der vierflügelige Bau mit dem Sandsteinportal ist heute Sitz der renommierten Bayerischen Musikakademie.

Museen

Hartmannhaus
Ausstellung »Frühes bäuerliches Wohnen«; mit einer historischen Sammlung von Mausefallen.
Meichelbecksstr. 16; Tel. 0 83 42/15 01, 72 11; geöffnet nach Vereinbarung; Eintritt frei

Künstlerhaus Marktoberdorf
Das Künstlerhaus Marktoberdorf ist der zeitgenössischen Kunst gewidmet. Mit seiner klaren kubischen Ziegelarchitektur ist es ein vielseitiger musealer Ausstellungsbau.
Kemptener Str. 5; Tel. 0 83 42/91 83 37; www.kuenstlerhaus-marktoberdorf.de; Di–Fr 15–18, Sa, So, Fei 14–18 Uhr

Stadtmuseum
Wechselnde Ausstellungen sowie Exponate zur Frühgeschichte, Stadtgeschichte und Glaubenswelt.
Eberle-Kögl-Str. 11; Tel. 0 83 42/ 4 19 82/34 56 oder 23 36; Mi 14–16, So 10–12 und 14–16 Uhr; Eintritt frei

Essen und Trinken

Gasthof Burger
Bayerisch-schwäbische Küche, eigene Metzgerei. Der Wirsingstrudel der Burger Wirtin wurde mit dem Ehrenpreis von Schwaben im Wettbewerb »Bayerische Küche« ausgezeichnet.

Georg-Fischer-Str. 23; Tel. 0 83 42/26 74; www.gasthaus-burger-mod.de; kein Ruhetag ●● CREDIT

Café Greinwald
Kuchen und delikate Pralinen aus eigener Herstellung.
Georg-Fischer-Str. 22; tgl. außer Mo ●

Zanker
Bauernhof mit Wirtsstube im Weiler Fechsen bei Leuterschach, rund 20 Min. Fußmarsch von Marktoberdorf. Kleine Speisekarte, gutes Bier. Empfehlenswert sind der saure Käs' und die Landjäger mit Hausmachersenf!
Ellerbergstr. 2; Tel. 0 83 42/22 74; Mo–Sa 12–13 und ab 17 Uhr, Sa, So ganztägig geöffnet ●

Am Abend

Fentilator
In-Treff – nicht nur der jüngeren Einheimischen; mit nettem Biergarten.
Mühlsteig 30; Tel. 0 83 42/66 95; tgl. außer Mo

Service

Auskunft
Touristikbüro Marktoberdorf
Richard-Wagenmeier-Platz 1; Tel. 0 83 42/40 08 45, Fax 40 08 65

Ziele in der Umgebung

Ober- und Unterthingau

2600 Einwohner → S. 114, C 7

Nicht weit von Marktoberdorf entfernt finden sich im alten stiftkemptischen Herrschaftsreich zwei kleine Ortschaften mit interessanten Kirchen: in Oberthingau der spätgotische Bau (1496) der **St.-Stephanus-Kirche**, die 1682 barockisiert wurde. Und in Unterthingau die spätgotische Pfarrkirche **St. Nikolaus** (1490) mit ihrem großen Satteldach.
9 km westl. von Marktoberdorf

Seeg

→ S. 114, C 8

2800 Einwohner

Von Marktoberdorf kommt man auf aussichtsreicher Landstraße in den idyllisch gelegenen Höhenkurort Seeg (854 m). Ihn umrahmt klassisches Alpenpanorama. Die touristische Infrastruktur bietet als zusätzliche Anreize auch Meditationskurse, einen Streichelzoo für Kinder, Veranstaltungen von Alphornbläsern und Kneipp'sche Kuranlagen. Sehenswert ist die **Rokokokirche St. Ulrich** aus dem Jahr 1703.
19 km südl. von Marktoberdorf

Museum

Heimatmuseum
Unter anderem findet man hier eine Sammlung wertvoller Turmuhren.
Hauptstr. 66; Tel. 0 83 64/2 58; April–Okt. Do 14–17 und So 13–16 Uhr, sonst nach Vereinbarung

Service

Auskunft
Tourist-Information Seeg
Hauptstr. 33; Tel. 0 83 64/98 30-33, Fax 98 73-15; www.seeg.de

Vor noch winterlichen Bergen reckt sich der schlanke Zwiebeltum von St. Ulrich, der Rokokokirche von Seeg, gen Himmel.

Unterallgäuer Kurregion

Kneippbäder und Kurpromenaden, Handwerk und Handel: Das Unterland hat seine eigene Geschichte.

In Memmingen logierten einst Kaiser, Könige und Feldherren. Die Stadt hat sich trotz ihrer großen historischen Bedeutung dennoch Ruhe und Charme bewahren können.

Sanfte grüne Hügel sind die Markenzeichen des Unterallgäus, einer knapp 1230 qkm großen Region, die erst 1972 offiziell als Landkreis erschaffen wurde. Im Westen bilden die Iller und im Osten die Wertach die Grenzen. Urbane Zentren sind Memmingen und Mindelheim. Ottobeuren und Bad Wörishofen schrieben als Kurorte weltweit Geschichte.

Bad Wörishofen

13 800 Einwohner ⇢ S. 114, C 5

War es Gottesfügung, Schicksal oder nur die glückliche Eingebung des Augsburger Bischofs Peter von Richarz, dass er 1855 den jungen Kaplan **Sebastian Kneipp** (1821–1897) in das kleine Dorf Wörishofen berief? Es war wohl alles zusammen, was da in gerade mal 100 Jahren aus einem Dorf eine über 13 000-Seelen-Stadt machte – mit heute Hunderttausenden von Kurgästen pro Jahr.

Doch der Reihe nach: Um 800 siedelt ein Edler namens Werino aus Zuzilinga (»Schlingen«) hier an. Aus Werinos Bauernhof wird »Werenshova«, schließlich Wörishofen. Im 13. Jh. gehört der Hof, nun schon ein Gut, einer Frau, Christina von Fronhofen. Nach zwei Ehen immer noch kinderlos, vermacht sie das Gut der Kirche, damals eine ganz normale Geschichte. Womit das Augsburger Kloster St. Katharina zu Land, Pferden und Kühen kam.

Als Papst Clemens 1717 für jede Ordensprovinz der Dominikaner strengeres Klosterleben befahl (Klausur, Schweigegebot, vegetarisches Essen), da wussten die klugen Augsburger Nonnen Rat und gründeten 1719 auf ihrem Wörishofener Landsitz eine Filiale für die Schwestern, die sich der strengeren Observanz beugen wollten.

Doch nach der Säkularisation 1803 mussten die Klöster geschlossen werden. In Wörishofen verarmten die Dominikanerinnen. Als dann **König Ludwig I.** ihnen 1842 wieder das Recht auf Klosterführung zugestand, war das Gut schon heruntergewirtschaftet, der Boden und die Wiesen versauert. Man rief den Augsburger Bischof Peter von Richarz zu Hilfe – und der wusste göttlichen Rat. Er hatte von dem jungen Kaplan Sebastian Kneipp gehört, der kurz vor seinem ersehnten Lebensziel – dem Priesterberuf – stand und seine Lungenschwindsucht durch eiserne Disziplin und Selbsttherapie besiegt hatte. Kneipp war täglich selbst in die winterliche, kalte Donau getaucht, um seinen geschwächten Organismus zu trainieren.

Eben dieser gerade genesene Kneipp war mit seinem starken Willen genau der richtige Mann für die hilflosen Dominikanerinnen in Wörishofen. Im Frühjahr 1855 fuhr er auf dem »Gauwägele« mit Sack und Pack im Kloster ein und begann seinen Job als Beichtvater, Oberlehrer und Wirtschaftsexperte. Kneipp errichtete die vom Bischof aufgetragene Mädchenschule samt »Verwahranstalt«, brachte den Hof auf Vordermann und fuhr sogar bis in den Bregenzer Wald zum Viehkauf. Aber gleichzeitig arbeitete er in Selbstversuchen weiter an seiner **Wassertherapie**. Außerdem erforschte er die vielen **Kräuter** der Umgebung in Form von Tee, Salben und Badezusätzen als Heilmittel gegen Schmerzzustände.

Retter und Erlöser

Die Wörishofener Bauern staunten nicht schlecht, als immer mehr Kranke von auswärts zum »Herrn Pfarrer« kuren kamen. Kneipp war zwar in erster Linie Priester, seit 1881 auch Ortspfarrer von St. Justina. Doch er predigte nicht nur Gottes Wort, sondern ebenso gerne auch vom Konzept der **Ganzheitsmedizin**. Und dass man seinen Körper besser leicht und regelmäßig belasten sollte denn selten, aber dann zu stark. Und dass man nur durch die Aktivierung der Eigenkräfte geheilt werden könne. Er war also nicht nur ein Kräuter- und Wasser-Doktor, sondern auch ein moderner Seelenarzt mit psychosomatischen Erkenntnissen.

Es kamen nun immer mehr Kranke. Die umliegenden Bauernhöfe hatten die Scheunen voller Gäste. Um diesen Ansturm zu mindern, regte der Erzabt von Beuron an, Kneipp möge doch sein Wissen veröffentlichen. So schrieb der Pfarrer **»Meine Wasserkur«** und **»So sollt ihr leben«**. Es wurden Bestseller, die man in viele fremde Sprachen übersetzte. Pfarrer Kneipp machte bis zu seinem Tod aus dem Dorf ein Bad von Weltrang, gründete den ersten deutschen Fahrradverein und erfand den Malzkaffee.

Auf Schritt und Tritt »verfolgt« einen heutzutage der Wasserdoktor. Kneipp-Denkmäler findet man in Bad Wörishofen allüberall, ob auf dem Denkmalplatz der Kneippstraße, ob überm Brunnen vor dem Bahnhof oder im Mausoleum. Man kann dem Gesundheitspfarrer nicht entkommen. Aber das will auch niemand: Hier lebt jeder mit ihm und von ihm. Kein Haus, das nicht Fremdenzimmer vermietet und eine kleine Badeanlage hat. Schon 1920 durfte sich Wörishofen auch »Bad« nennen. Heute finden sich hier elegante Hotel und luxuriöse Bäder. Vom Golfplatz bis zur Kunsteisbahn gibt es eine perfekte Urlaubs-Infrastruktur, inklusive Fahrverbot von 24 bis 6 Uhr (vom 1. Mai bis 15. Okt.) in 70 Straßen.

Hotels/andere Unterkünfte

Steigenberger Hotel Der Sonnenhof

In der schönsten Lage von Bad Wörishofen bietet das Steigenberger Hotel Der Sonnenhof First-Class-Atmosphäre vor herrlichem Alpenpanorama. Eine hervorragende, flexible Küche sowie ein individueller Service lassen keine Wünsche offen. Wohltuende Entspannung garantiert der Besuch des mehr als 3500 qm großen Wellness- und Fitnessbereichs (Eintritt für Hotelgäste frei). Witzige Rahmenprogramme wie urige Hüttenabende mit Fackelwanderung, Floßbau, Schneeschuhwanderungen etc.

Hermann-Aust-Str. 11; Tel. 0 82 47/9 59-0; www.spahotel-sonnenhof.de; 156 Zimmer ●●●● CREDIT

Braugasthof Löwenbräu

Hotelzimmer für Nichtraucher und Familien. Kinderspielplatz, Biergarten, Tanzbar.

Herman-Aust-Str. 2; Tel. 0 82 47/96 84-0, Fax 3 20 51; www.loewenbraeu-bad-woerishofen.de; 37 Betten; kleine Haustiere erlaubt ●●● CREDIT

Kurhotel Brandl

Jeglicher Luxus – Hallenbad, Schönheitsfarm, Kabel-TV – und nur drei Minuten zum Kurpark.

Hildegardstr. 3; Tel. 0 82 47/3 90 90, Fax 3 90 99 0; www.kurhotel-brandl.de; 22 Zimmer ●●●

Kurhotel Kreuzer

Direkt an der Kurpromenade, das älteste Kneipphotel der Stadt, erbaut 1889. Vorfahre Fidel Kreuzer war ein enger Mitarbeiter Kneipps.

Fidel-Kreuzer-Str. 1 a; Tel. 0 82 47/35 30, Fax 35 31 38; www.hotelkreuzer.de; 96 Zimmer ●●● AmEx MASTER VISA

Adler

Über 100 Jahre altes Stadthaus, urgemütlich und komfortabel.

Hauptstr. 40; Tel. 0 82 47/96 36-0, Fax 96 36-3 00; www.adler-trommer.de; 66 Betten ● CREDIT

Spaziergang

Vom **Rathaus** und **Kurzentrum** gehen Sie über die Bahnhofstraße zum **Kurhaus**, dann links in die Kneippstraße, über die Schmiedstraße zum **Dominikanerinnen-Kloster** und **Kneipp-Museum** sowie der **St.-Justina-Kirche**

Wellness, Kur oder nur Erholung: Es ist die Vielzahl der Möglichkeiten, die den Urlaub im Steigenberger Hotel Der Sonnenhof zu einem ganzheitlichen Erlebnis machen.

gleich dahinter. Der Rundgang dauert 20 Min. und führt an prächtigen Patrizierhäusern und Kurhotels vorbei.

SEHENSWERTES

Dominikanerinnen-Kloster

Hier hat für Pfarrer Kneipp im Jahre 1855 alles begonnen. Erbaut wurde das Vierflügel-Kloster jedoch schon 1719 bis 1722 von Franz Beer. Der berühmte Dominikus Zimmermann stuckierte die Klosterkirche »Maria Königin der Engel« im Rokokostil aus. Sehenswert außerdem die Statue der »Muttergottes von Einsiedeln« und die Holzfigur »Prager Jesuskind«. Nach einem Brand erhielt die Kirche eine neue Deckenmalerei: Mater Donatilla von Eckhart malte alle wichtigen Kneipp-Kräuter an die Kirchendecke. Der göttliche Kneipp ...

Pfarrkirche St. Justina

Ihr spätgotischer Backsteinturm mit seinem Satteldach beherrscht das Stadtbild. 1520 erbaut, erweiterte man die Pfarrkirche mehrfach, zum letzten Mal 1932 das Langhaus gen Westen. Und siehe da – auch in diesem Teil betrachten wir die Malerei eines uns Bekannten: Pfarrer Kneipp predigt zu Kranken und Gläubigen, über ihm die Dreifaltigkeit.

MUSEUM

Sebastian-Kneipp-Museum

Im Dominikanerinnenkloster, Eingang Schulstraße; 15. Jan.–15. Nov. Di–So 15–18 Uhr; www.kneipp-museum.de; Eintritt Erw. 2 €, Kinder 1 €

ESSEN UND TRINKEN

Mühlbachstuben

Café-Restaurant mit internationaler Küche.

Obere Mühlstr. 1; Tel. 0 82 47/9 62 00

●● MASTER VISA

Rehwinkel

Idyllisch gelegenes Café-Restaurant in Osterlauchdorf, beliebtes Ausflugs-Wanderziel. Hausgemachte Kuchen.

Tel. 0 82 67/2 55; Ostern–Okt. tgl. 10.30–22, Winter 10.30–18 Uhr

●●●

EINKAUFEN

Café Schwermer

Königsberger Marzipan wird seit 1945 von Bad Wörishofen in alle Welt gesandt und hier auch verkauft.

Hartenthaler Str. 36; Tel. 0 82 47/9 02 13

Kneipp-Naturkostladen
Tees für den besseren Schlaf, Pflanzen-Dragees zur Entspannung, Zellenergie-Kapseln und und und ...
Wörisana-Haus, Kathreiner Str. 9b

Am Abend

Bridge-Club
Kurhotel Residenz
Bahnhofstr. 8–10; Tel. 0 82 47/89 17 oder 79 88; Mi und Fr 14.15 Uhr

Golf-Club
Schlingener Str. 27, Rieden; Tel. 0 83 46/7 77

Service

Auskunft
Kurverwaltung Bad Wörishofen
Luitpold-Leusser-Platz 2; Tel. 0 82 47/99 33-55, Fax 99 33 59; www.bad-woerishofen.de

Memmingen

→ S. 113, F 1

41 000 Einwohner
Stadtplan → S. 73

Wo einst König Gustav Adolf und Wallenstein Quartier nahmen, wo die Handelsmillionäre Fugger ihre Stadtvillen besaßen, wo Kaiser Franz von Österreich und König Ludwig I. von Bayern logierten – das ist Memmingen, wahrhaft eine historische Stadt! Auf den ersten Blick erscheint die Hauptstadt des Unterallgäus urban und nicht eben malerisch. Später aber, ist man über den Stadtbach hinweg und durch die vier alten Stadttore gegangen, folgt die Überraschung.

Die ersten Memminger siedelten hier im westlichen Unterallgäu im 5. Jh. und gehörten zum Alemannen-Stamm der Mammo (daher also der Name). Um 1160 ließ Herzog Welf an eben diesem Mammo-Ort eine Mauer und ein Markt-Wehrdorf zum Schutz gegen die Staufer errichten. So schützte er einen wichtigen Umschlagplatz an der einträglichen **Salzstraße**. Der Welthandel mit dem Salz begann nämlich zu florieren – und im 15./16. Jh. verhalf er der Freien Reichsstadt Memmingen zu beachtlichem Reichtum und Ansehen, was sich auch im künstlerischen und architektonischen Stadtbild niederschlug: Der Große Salzstadel und der gewaltige, als fürstliche Residenz dienende Fuggerbau (in dem 1630 Wallenstein und 1632 Gustav Adolf verweilten) lassen etwas vom kreativen und großzügigen Selbstbewusstsein der reichen Salz- und Tuch-Kaufleute erahnen.

An jeder Ecke künden historische Paläste von großer Vergangenheit: das **Siebendächerhaus**, das den mächtigen Gerbern zum Trocknen der Felle diente; die **Zunfthäuser** der Weber und Kramer am Weinmarkt; das **Rathaus** als einstiges Gesellschaftshaus des Patriziats ... Ob **Hexenturm, Pulverturm, Betteltturm** oder **Soldatenturm** – jedes Denkmal erzählt seine ganz eigene Geschichte.

Historie, die sich heute in vielen Traditionsfesten niederschlägt, wie etwa dem **Wallensteinfest**. Alle vier Jahre nur (das nächste Mal 2008) feiert Memmingen sein größtes Fest – einen ganzen Sommer lang: In Erinnerung an den Feldherrn Wallenstein, der 1630 sein Heerlager vor den alten Stadtmauern aufschlug, baut man entlang des Stadtgrabens ein historisch getreues Feldlager auf. Quer durch die ganze Altstadt finden dann mittelalterliche Handwerkermärkte statt. Fast jeder Memminger verkleidet sich als Gaukler, Tandler, Soldat oder Zunftmeister. Höhepunkte sind der Auftritt des »Generalissimus« beim Wallensteinspiel und sein historischer Einzug mit 3500 Teilnehmern und 3000 Pferden.

Ein weiteres Fest ist der berühmte **Fischertag** (→ Feste und Events, S. 22). Dabei handelt es sich gleich um eine ganze Festwoche Mitte Juli. Alles dreht sich dann um die alljährliche Reinigung des Stadtbaches. Das nämlich war bereits im Mittelalter existenziell für die Fischer: Schon damals gab es Umweltprobleme – die Bürger warfen ihren Müll mangels Müllentsorgung einfach in den Fluss. Heute ist der Memminger Stadtbach jedoch sauber, und weil er teils versteckt, teils in kleinem Bett quer durch die Altstadt fließt, wird der Stadtkern hier auch »Klein-Venedig« genannt. Der Fischertag wird mit Fanfarenklängen und Trachtenumzügen gefeiert. Am großen Festtag marschieren frühmorgens einige hundert Berufs- und Amateur-Fischer in historischen Kostümen und mit ihren »Bären« (Gabelnetze) an den Stadtbach, singen und klopfen mittelalterliche Sprüche. Danach gehen sie auf Forellenfang. Auf dem Marktplatz wird abends dann der Fischerkönig gekrönt – mit Pauken und Trompeten.

Memmingen feiert freilich nicht nur, es arbeitet auch. Auch heute ist Memmingen immer noch eine Stadt

des Handels und Gewerbes. Es haben sich Maschinenbau, Milchwirtschaft, Textil- und pharmazeutische Industrie angesiedelt.

Hotels/andere Unterkünfte

Parkhotel → S. 73, b 1
Das Parkhotel liegt mit seinen Nebengebäuden, dem Gasthaus Schwarzer Ochsen und dem Küchlinhaus, im Herzen von Memmingen, direkt an der Stadthalle. Die Zimmer sind komfortabel und gut ausgestattet.
Ulmer Str. 7;
Tel. 0 83 31/93 20, Fax 4 84 39;
www.parkhotel-memmingen.de;
93 Zimmer ●●● AmEx MASTER VISA

Weißes Ross → S. 73, c 2
Gemütliches Altstadt-Hotel.
Salzstr. 12; Tel. 0 83 31/93 60,
Fax 93 61 50; www.hotelweissesross.de;
52 Zimmer ●● AmEx MASTER VISA

Spaziergang

Sich in der Altstadt von Memmingen zu orientieren ist einfach, da man den strengen Backsteinbau der evangelischen Stadtpfarrkirche **St. Martin** mit seinem 66 m hohen Turm fast von überallher sehen kann. Von diesem Wahrzeichen der Stadt aus spaziert man zunächst auf der Rückseite des Gotteshauses durch die Fuggergasse zur **Kinderlehrkirche** (14. Jh.) und gegenüber zum **Fuggerbau**, dem Stadtschloss und einstigen Quartier Wallensteins. Dann sehen wir uns von St. Martin aus gleich auf der anderen Seite der Zangmeisterstraße den **Hermansbau** an, ein Patrizierpalais von 1765, in dem heute das **Städtische Museum** untergebracht ist.

Über den Marktplatz gehen Sie am **Renaissancerathaus** vorbei, auf der Ulmer Straße gen Norden. Zur Linken steht das **Parishaus** (heute Galerie und Verkehrsamt). Dann folgt auf derselben Straßenseite ein nicht minder prächtiges Patrizierhaus, nämlich das **Grimmelhaus** (heute Sitz der Volkshochschule).

Am nördlichen Stadttor, dem **Ulmer Tor** (1495), biegen wir rechts ab, um dann am Stadtbach entlang gen Süden wieder am Marktplatz einzutreffen. Es folgt ein kleiner Abstecher nach links zur gotischen **Kreuzherrnkirche**, um dann über die Seelhausgasse zum **Weinmarkt** zu gelangen. Über die Kramerstraße am **Stadttheater** vorbei können Sie vom **Gerberplatz** (Gerberhaus) aus die Hirschgasse entlangbummeln und Ihren Spaziergang dann am Frauenkirchplatz, vor dem sehenswerten evangelischen Gotteshaus **»Unser Frauen«** aus dem 14. Jh., beenden.
Dauer: 90 Minuten

Sehenswertes

Frauenkirche → S. 73, b 4
»Unser Frauen« heißt dieses Gotteshaus in der südlichen Altstadt offiziell, erstmals 1258 erwähnt. Die Weihe der Pfeiler-Basilika fand aber erst 1460 statt. Der Hauptschmuck der Frauenkirche ist ihre Bemalung, die zum kunsthistorisch Wertvollsten gehört, was in Deutschland aus gotischer Zeit erhalten ist. Die erst 1891 wiederentdeckten Fresken im Langhaus und im Chor sind wohl im 15. Jh. von den einheimischen Malern Hans Strigel (dem Älteren und dem Jüngeren) geschaffen worden.

Kreuzherrnkirche → S. 73, b 2
Mitten ins Herz der Stadt ließen im 17. Jh. die edlen Herren des Kreuzordens eine ursprünglich gotische Kirche bauen. 1709 stuckierte der Wessobrunner Meister Mathias Stiller die Decken – eine einmalig schöne Arbeit. Die Kirche der Kreuzherren wurde 1802 säkularisiert und dient jetzt als Ausstellungsraum.

Rathaus → S. 73, b 2
Der mächtige Renaissancebau beherrscht die anderen schönen Patrizierhäuser am Marktplatz. 1488 stand an dieser Stelle zunächst ein schlichtes Holzhaus. 1522 vergrößerte man

den Bau. Erst anno 1589 kamen geschwungene Giebel, zwei Erkertürmchen und ein Giebelturm hinzu. Der nunmehr gemauerte Palast diente den Patriziern als Festsaal. 1765 wurde die Fassade im Rokokostil verziert.

St. Martin → S. 73, a 2

Martin Luther haben es die Memminger zu verdanken, dass die bedeutendste Kirche ihrer Stadt evangelisch ist. Noch zu seiner Zeit erweiterte man dieses Gotteshaus. Der Ulmer Baumeister Matthias Böblinger errichtete 1496 bis 1501 den Chor neu. Bemerkenswert sind die Wandmalereien der Familie Strigel aus dem 15./16. Jh. Das großartige **Chorgestühl** (1501–1507) stammt aus der Memminger Schnitzerschule. Den 66 m hohen Turm der Martinskirche – das Wahrzeichen der Stadt – nennen die Memminger liebevoll nur ihren »Mate«.

Museen

Parishaus → S. 73 a/b 1–2

In diesem Rokoko-Palast von 1736 kann man eine Dauerausstellung des Memminger Malers Max Unold (1885–1964) besichtigen.

Ulmer Str. 9; Mi 15–17 und Sa und So 10–12 Uhr; Eintritt frei

Stadtmuseum im Hermansbau → S. 73, a 2

Funde aus der Frühgeschichte und Exponate heimischer Künstler (Küchlin-Ölbilder und Strigel-Altar) sind in diesem Palast von 1766 zu sehen.

Zangmeisterstr. 8; Mai–Okt. Di–Fr und So und Fei 10–12 und 14–16 Uhr; Eintritt 2 €

Essen und Trinken

Bauerntanz → S. 73, b 2

Gemütliches Interieur, bayerische und schwäbische Küche.

Herrenstr. 10; Tel. 0 83 31/98 58 82; Mo geschl. ●●

Gasthof Lindenbad → S. 73, c 1

Gutbürgerlicher Gasthof mit schwäbischen Schmankerln und internationaler Küche, gemütlicher überdachter Biergarten.

Lindenbadstr. 18; Tel. 0 83 31/32 78; www.gasthof-lindenbad.de; Mo ganztags und Sa bis 18 Uhr
●● AmEx MASTER VISA

Café Staimer → S. 73, a 2

Pikante Krautkrapfen und süße Allgäuer Konditoreiwaren.

Buxacher Str. 13; Tel. 0 83 31/6 91 73; So geschl. ●

Das Rathaus ist nur eines der architektonischen Highlights von Memmingen. Aus dem schlichten Holzhaus von einst ist ein prächtiges Patrizierhaus geworden, dessen heutige dekorative Rokoko-Fassade die Blicke auf sich zieht.

Weber am Bach S. 73, b 2
Restaurant und Weinstube mit lokalen Schmankerln und gehobener Küche.
Untere Bachgasse 2; Tel. 0 83 31/24 14
●● MASTER VISA

Einkaufen

Zwischen **Maximilianstraße, Zwinggasse** und **Bachgasse** gibt es zahlreiche Modegeschäfte, große Warenhäuser und kleine Boutiquen – natürlich auch »Spezialisten«, die Trachtenmoden oder Bergsteigerausrüstungen offerieren.

Am Abend

Grünes Haus
Oben modernes Restaurant im Keller szeniger Nachtklub.
Lindentorstr. 11; Tel. 0 83 31/20 08; So/Mo geschl.

Subway Bossanova
Tanzcafé für Junggebliebene.
Allgäuer Str. 12; Tel. 0 83 31/8 84 14

Service

Auskunft
Verkehrsamt Memmingen
Marktplatz 3;
Tel. 0 83 31/85 01 72 (-1 73),
Fax 85 01 78; www.memmingen.de,
E-Mail: info@memmingen.de

Ziele in der Umgebung

Buxheim S. 113, F 1

3000 Einwohner

Nur 15 Autominuten von Memmingen entfernt findet man in landschaftlich sehr reizvoller Umgebung den kleinen Erholungsort Buxheim. Hier liegt das historisch bedeutsame **Kartäuserkloster**. 7 Die einstige Reichskartause und die Pfarrkirche zeigen seltene Stuckarbeiten der Gebrüder Zimmermann (Baumeister der Wieskirche) und das berühmte Chorgestühl (1684/87) von Ignaz Waibl in der Kartäuserkirche. Bereits 1402 lebten hier die ersten Stiftsmönche. Die Kartäuser Ordensleitung nannte das barocke Kloster »Maria Saal«. Die strengen Ordensregeln haben heute noch Bestand. Besucher haben Zugang zu einem renovierten Nebentrakt.
6 km nordwestl. von Memmingen

Museen

Deutsches Kartausen-Museum
Drei frühere Mönchszellen wurden aufwendig rekonstruiert. Sie bieten interessante Einblicke ins Klosterleben.
Kartause, St.-Bruno-Haus; Tel. 0 83 31/6 18 04; April–Okt. 10–12 und 14–17 Uhr; Eintritt 2,50 €, ermäßigt 1,50 €

Im Bauernhofmuseum Illerbeuren erfährt der Besucher alles über das traditionelle Leben der Allgäuer Landbevölkerung – in liebevollen Details präsentiert.

SERVICE

Auskunft

Gemeindeamt Buxheim

Kirchplatz 2;
Tel. 0 83 31/9 77 00, Fax 97 70 70;
www.buxheim.de

Illerbeuren

→ S. 113, F 2

1200 Einwohner

Von Memmingen aus auf halbem Weg zum berühmten Wallfahrtsziel »Maria Steinbach« liegt das **Bauernhofmuseum** von Illerbeuren. Sehenswert ist auch die barocke Pfarrkirche **Mariä Himmelfahrt** mit Rokoko-Stuck und spätgotischen Heiligenfiguren.

10 km südwestl. von Memmingen

MUSEEN

Schützenmuseum

Exponate aus 500 Jahren schwäbischer Schützentradition.

Im Bauernhofmuseum, im Eintrittspreis zum »Bauernhofmuseum« enthalten

Schwäbisches Bauernhofmuseum

Nicht nur eine Ausstellung über das ländliche Leben des Mittelalters, sondern ein historisches »Dorf im Dorf«.

Museumstr. 8; Tel. 0 83 94/14 55;
März 10–16 Uhr, April–Mitte Okt. 9–18 Uhr, Mitte Okt.–Nov. 10–16 Uhr;
Eintritt 3,50 €, ermäßigt 1,30 €, Familientageskarte 6,50 €

SEHENSWERTES

Wallfahrtskirche Maria Steinbach

Wie aus heiterem Himmel taucht hinter Illerbeuren, auf einem Hügel gelegen, die ockerfarbene Wallfahrtskirche Maria Steinbach auf. Aus heiterem Himmel? Nicht ganz! Denn als hier um 1700 ein spätgotisches Kirchlein eine Marienfigur besaß, die wohl wahre Genesungswunder vollbracht haben muss, da schaffte das kleine Gotteshaus den Andrang der Wundergläubigen bald nicht mehr. Also legte man 1749 die Fundamente für eine neue, größere Kirche, baute ein Jahr später bereits den Turm, weihte das Haus um 1755 und ließ anschließend von den zwei Wessobrunner Künstlern Johann Georg Übelherr sowie Franz Xaver Schmuzer kostbaren Stuck und Fresken herstellen. Die gesamte Decke des Kirchenschiffes ist nur mit der »Fürsprecherin Maria« ausgemalt. Im Rokokostil ausgeschmückte Seitenkapellen sowie fast »hängende« Kanzeln und Votivtafeln am Eingang machen diesen Wallfahrtsort zum Kunstgenuss.

Nur unweit von Maria Steinbach, in einer anderen kleinen Kapelle, brachte eine Marienfigur ähnliche Wunder zustande, so dass man auch hier Ende des 17. Jh. eine neue Wallfahrtskirche erbaute, nämlich die der **Maria Schnee**. Von außen unauffällig, ist sie im Innern eine helle, freundliche Kunstkostbarkeit in Weiß, Gold und Rosa mit wertvollen Altären und einzigartigen Stuckarbeiten aus der Wessobrunner Werkstatt.

SERVICE

Auskunft

Marktgemeinde Legau

87764 Legau; Tel. 0 83 30/9 40 10, Fax 94 01 21

Ottobeuren

→ S. 114, A 6

8000 Einwohner

Man vermutet bei der Anfahrt aus dem rund 13 km nordwestlich gelegenen Memmingen, dieser liebliche Ort zwischen grünen Hügeln und ansteigendem Fichtenwald habe dieselben Vorzüge wie viele andere Allgäuer Ferienorte auch. Hat er, natürlich: Ottobeuren ist ein bedeutender Kneippkurort mit Sanatorien, Hallenbad, Kurhaus, Reit- und Tennishallen, Golfplatz, Wanderwegen und Heimatabenden. Also alles, was das Herz eines engagierten »Kurlaubers« so begehrt.

Doch neun von zehn Besuchern fahren nicht zur Kur hierher ins Günztal, sondern weil sie die wohl prächtigste Barockanlage Deutschlands besuchen wollen: das **Benediktinerkloster Ottobeuren.**

8

So groß, wie sich das Kloster heute präsentiert, ist es erst seit der Amtszeit von Abt Rupert Ness von Wangen (1710–1740). Als anno 764 die Grafen Silach und Erminswint in dieser schwäbischen Voralpenlandschaft ein Kloster erbauen ließen, war es freilich viel kleiner und nur für einige wenige Benediktiner-Mönche aus dem nahen St. Gallen gedacht. Später stattete es Kaiser Karl der Große mit reichlich Landbesitz aus – Basis für eine Blütezeit von Kunst und Wissenschaft in der durch Anbauten immer größer werdenden Klosteranlage. Doch erst der »bauwütige« Abt Ness gab der Gebets- und Missionsstätte Ottobeuren seine heutigen Ausmaße und sein kunstvolles Interieur. 142 x 128 m misst das Geviert des Klosters. Gottlob hatte Abt Ness nicht auf seine Kritiker gehört, die ihm die religiöse Bescheidenheit absprachen. Der weitsichtige Abt hatte schließlich nur »zur Ehre der Dreifaltigkeit« so grandios bauen lassen.

Der Abtei vorgelagert ist die **Klosterkirche St. Alexander und St. Theodor** mit zwei dreigeschossigen Türmen (82 m). In einem imponierenden Längsschiff und einem fast genauso großen Breitschiff haben die seinerzeit besten heimischen Künstler – Johann Michael Faltmeyer (Altar), die Deckenmaler Johann Jakob Franz und Anton Zeiler, der Bildhauer Joseph Christian (Chorgestühl) sowie der Orgelbauer Karl Joseph Riepp – eines der schönsten sakralen Gesamtkunstwerke überhaupt geschaffen. Vom Schiff kommt man in den Mönchschor mit einem Kreuz aus dem 12. Jh. Der Chor der Basilika führt in die Klosteranlage mit aufwendig stuckierten Sälen und herrlichen Fresken im Kapitel- und Theatersaal. Im Kaisersaal stehen Abbilder aller Habsburger Kaiser.

Im Kloster herrscht bis heute mönchisches Leben. Die Benediktiner organisieren im Sommer **Konzerte** und veranstalten auch – nach Anmeldung – spezielle Führungen.

ca. 13 km südöstl. von Memmingen

Museen

Klostermuseum und Staatsgalerie
Christliche Votivtafeln, Abtsiegel, Passions-Plastiken sowie religiöse Malereien des Mittelalters.

Sebastian-Kneipp-Str. 1; Nov.–Mitte Jan. Mo–Fr 14–16, So, Sa, Fei 10–12, 14–16, Mitte Jan–Mitte März nur Sa, So, Fei 10–12, 14–16, Mitte März– Ende Okt. Mo–So 10-12, 14–17 Uhr

Service

Auskunft
Touristikamt Kur & Kultur
Marktplatz 14; Tel. 0 83 32/92 19 50, Fax 92 19 92; www.ottobeuren.de

Mindelheim

S. 114, B 5

14 100 Einwohner

Die **Frundsbergstadt** Mindelheim im bayerischen Allgäu heißt so, weil anno 1473 auf der von den Welfen-Rittern erbauten Burganlage ein gewisser Georg von Frundsberg geboren wurde. Sein Vater, Ritter Frundsberg, hatte den Herzögen für 60 000 Gulden das Stammschloss hoch über dem Mindeltal abgekauft. Das alleine aber hätte wahrscheinlich für diesen Beinamen nicht genügt. Doch der kleine Georg wurde ein erfolgreicher kaiserlicher Hauptmann und als Chef der damaligen »Inneren Führung« der Landsknechtsvater aller kaiserlichen Soldaten.

Viele mittelalterliche Tore und Türme zwischen dicken Stadtmauern verleihen Mindelheim (gegründet 1256) ein beinahe filmreifes Ambiente für Ritterfestspiele und zeugen von einer großen, wechselvollen Geschichte. Kurz nach dem Tod Hauptmann Frundsbergs 1528 kaufen die Fugger

Die Mindelburg war Stammsitz des Rittergeschlechts derer von Frundsberg.

Burg und Stadt. Etwas später vereinnahmt der dem Luthertum zugeneigte Herzog Maximilian II. von Bayern die Mindelburg. 1706 verschenkt Kaiser Franz Joseph I. einfach die ganze Stadt samt ihren Bürgern an den Duke of Marlborough, John Churchill.

Eine fruchtbare Zeit, denn die Stadtpfarrkirche, Textilfabriken, eine Papiermühle sowie eine Druckerei entstehen. 1796 kämpfen Österreicher, Bayern und Franzosen um das Unterallgäuer Handelszentrum. Erst die tapfere Posthalterin Cäcilia von Dreer rettet durch einen Kniefall vor den Generälen ihre Heimatstadt vor Brandschatzung und Plünderung.

Ihr also verdanken es die Touristen heute, dass sie eine intakte, lebendige Stadt mit historischem Zentrum vorfinden. Logischerweise sind auch hier die Milchwirtschaft sowie das Handwerk Motor des Arbeitslebens. Aber auch der 1994 durch Finanzierungsprobleme ins Gerede geratene Flugzeugbauer Burkhart Grob hat hier sein Werk. Rund um die Kornstraße (Fußgängerzone) findet man die wichtigsten Geschäfte. Und vom angrenzenden Marienplatz aus in einem Umkreis von 500 m stehen fast alle wichtigen historischen Gebäude.

Alle drei Jahre im Sommer (2006 und dann wieder 2009) feiert Mindelheim sein **Frundsbergfest**, eine in ganz Süddeutschland bekannte Feier mit Trachtenumzügen und historischen Ritterspielen. Zur Fasnachtzeit wird das Obere Tor am Ende der Maximilianstraße mit einem 28 m hohen, bunten »Durahansl« verkleidet, wie man hier den Bajazzo-Clown im Fasching nennt.

Sehenswertes

Einlasstor

Wer im Mittelalter erst zu später Stunde die Stadt betrat, musste an den Torwächter eine Geldbuße zahlen. An der Kreuzung Teck-/Westernacher Straße findet man neben dem Tor noch einen gedeckten Wehrgang, alte Mauern und eine spätgotische Madonna über der Torwölbung.

Maria Schnee
Im Stadtteil Nassenbeuren führt eine herrliche Lindenallee zu dieser kleinen Wallfahrtskirche. Von 1791 bis 1795 arbeitete hier ein Kaplan namens Christoph von Schmid. Der Name sagt Ihnen nichts? Immerhin dichtete er das uns allen bekannte Weihnachtslied »Ihr Kinderlein kommet« ...

Mindelburg
Von der Mindelburg (13. Jh.), die im 15./16. Jh. umgestaltet wurde, hat man einen schönen Blick auf die Stadt. Eine Besichtigung des Inneren ist nicht möglich, wohl aber von Bergfried, Brunnen und Kapelle.

Stadtpfarrkirche St. Stephan
Hier vereinen sich verschiedene Baustilrichtungen. Besonders sehenswert ist die **Gruftkapelle** mit der Grabplatte des Herzogs Ulrich von Teck (1432), der einst die Stadtmauern errichten ließ.

Museen

Archäologiemuseum
Zweigmuseum der Prähistorischen Staatssammlung München.
Hermelestr. 4; Di–So 10–12, 14–17 Uhr; Eintritt im Krippen-, Textil- und Vorgeschichtsmuseum zusammen 1,50 € für Erw. und 1 € für Kinder

Heimatmuseum
Sammlungen zur Stadtgeschichte und Volkskunst im Kloster zum Heiligen Kreuz.
Hauberstr. 2; www.mindelheimer-museen.de; Do 14–17, 2. So des Monats 14–17 Uhr; Eintritt Erw. 1,50 €, Kinder 1 €

Krippenmuseum
Krippen von 1750 bis in unsere Zeit im ehemaligen Jesuitenkolleg.
Hermelestr. 4; Tel. 0 82 61/69 64; Di–So 10–12 und 14–17 Uhr; Sammeleintritt siehe Archäologiemuseum

Textilmuseum
Internationale Textilkunst.
Hermelestr. 4; Di–So 10–12 und 14–17 Uhr; Sammeleintritt siehe Archäologiemuseum

Turmuhrenmuseum
Eine Sammlung von 50 Turmuhren von 1562 bis heute, in der ehemaligen Silvesterkirche.
Hungerbachgasse 9; nur Mi 14–17 und Führung am letzten So des Monats; Eintritt Erw. 1,50 €, Kinder 1 €

Service

Auskunft
Verkehrsbüro Mindelheim
Maximilianstr. 27; Tel. 0 82 61/73 73 00, Fax 73 79 29; www.mindelheim.de

Beim alle drei Jahre stattfindenden Frundsbergfest wird die Stadt zur großen Kulisse, ihre Bewohner zu bunt bekleideten Statisten für mittelalterliche Festivitäten.

Westallgäu und Bodenseeregion

In der Nähe des Bodensees wird das bayerische Allgäu auch mal baden-württembergisch.

Das Wurzacher Ried ist Bauernland wie aus dem Bilderbuch: Satt grüne, gesunde Äcker und Felder, Wald und malerische Höfe. Die Naturlandschaft liegt nur knapp 50 Kilometer von den Allgäuer Alpen und genauso weit vom Bodensee entfernt.

Seen und Hügel prägen das Gesicht des Westallgäus. So mancher Gast ist hier überrascht zu hören, dass ein Teil dieser Region aber nicht mehr zu Bayern gehört, sondern zum Schwabenland, sprich zu Baden-Württemberg. Eine Grenze im touristischen Sinn ist jedoch schwer zu ziehen. Klar, Lindau ist die bayerische Zugangsschneise zum Bodensee, aber durch das Dreiländereck erscheint die Stadt natürlich eher international als rein allgäuerisch. Die politische Grenzziehung holte sich daher z. B. Leutkirch, Isny und Wangen ins schwäbische »Feindesland«, obwohl sich der Isnyer doch eher wieder als Allgäuer fühlt denn als Schwabe.

Natürlich gibt es dies- oder jenseits aller Grenzen schönste Voralpenlandschaft zu genießen, grüne Wiesen und Moorseen sowie etliche ehemalige freie Reichsstädte.

Bad Wurzach → S. 113, D 2

14 300 Einwohner

Bad Wurzach ist ein hübsches, übersichtliches Städtchen. Als ältestes Moorheilbad im württembergischen Allgäu bekannt, bietet es auch jede Menge Kultur einer ehemaligen Residenzstadt.

Alles Wesentliche liegt entlang von Schloss-, Markt- und Schulstraße. Unübersehbarer Mittelpunkt: das Schloss, das eigentlich aus zwei Schlössern besteht. Gleich davor erstrahlt die Mariensäule in goldenem Glanz. Die Anlage des neuen Schlosses mitten im Ort ist erstaunlich groß. Doch die Kurstadt war schließlich die Residenz der Grafen Waldburg-Zeil-Wurzach, von denen Ernst Jacob 1723 bis 1728 die raffinierte Fantasie eines unbekannten Meisters des Stuck und der Illusionsmalerei nutzte, um eine der schönsten Barockbauten Oberschwabens zu errichten. Sehenswert auch die klassizistische Stadtpfarrkirche St. Vernea (1775–1777).

Zu den einheimischen wie touristischen Brauchtums-Events zählt die typisch **alemannische Fasnet,** mit urigen Holzmasken, dem Sturm aufs Rathaus und einem schönen Rosenmontagsumzug. Jährlich im Juni finden **Residenzkonzerte** im Schloss statt (Info bei der Kurverwaltung).

Das **Heilig-Blutfest** (→ Feste und Events, S. 22), die zweitgrößte **Reiterprozession** Mitteleuropas, zieht jedes Jahr am zweiten Freitag im Juli über 1700 Reiter und weitere tausende Wallfahrer zur Heilig-Kreuz-Kirche auf dem Gottesberg. 9

Wellness und Spaßfaktor gibt es im **Vitalium,** einem einladenden Thermalbad mit 34 Grad heißem Wasser aus 800 m Tiefe.

Essen und Trinken

Gasthaus zum Adler

Nicht weit entfernt, im kleinen Dorf Dietmanns, gibt es neben Kulinarischem auch Kabarett. Eine Kombination, die auf der Zunge zergeht. Gegessen wird von bürgerlich bis vegetarisch-exotisch. Und wer zu viel konsumiert hat, begibt sich einfach auf einen ausgedehnten Spaziergang durch das Wurzacher Ried.

Ochsenhausener Str. 44; Tel. 0 75 64/9 12 32; www.adler-dietmanns.de; Do–Mo 17–24, So und zur Biergartenzeit 11.30 bis 24 Uhr ●●

Service

Auskunft

Kurverwaltung Bad Wurzach

Mühltorstr. 1; Tel. 0 75 64/30 21 50, Fax 30 21 54; www.bad-wurzach.de

Ziel in der Umgebung

Wolfegg → S. 112, C 3

3400 Einwohner

Von zahlreichen Weihern und Mooren umgeben, liegt der Luftkurort in einer

Die Loretokapelle liegt malerisch auf einer kleinen Anhöhe zwischen Wolfegg und Rötenbach. Von dort aus genießt man einen wunderschönen Blick auf die Alpenkette.

abwechslungsreichen, weiten Voralpenlandschaft über der Wolfegger Ach. Schon früh stand hier auf einst alemannischem Siedlungsgebiet ein **Schloss**, das jedoch abbrannte. 1580 wurde die heutige Renaissance-Vierflügelanlage neu errichtet, von den Schweden 1646 erneut niedergebrannt und bis 1690 wieder aufgebaut. International bekannt sind die Konzertwochenenden auf Schloss Wolfegg. Am südlichen Ortsrand steht die **Alte Pfarr** (um 1000) mit Stilelementen von der Romanik bis zum Barock. Die ehemalige **Stiftskirche** (1733–1742) ist eines der Juwele der Oberschwäbischen Barockstraße.

Unweit östlich auf einem Hügel gelegen, lohnt die **Loretokapelle** von 1668 einen Besuch – weniger wegen der Schwarzen Madonna, sondern vielmehr wegen der spektakulären Alpensicht.

12 km südwestl. von Bad Wurzach

Museen

Automobil-Museum

Über 200 Oldtimer hat der Testfahrer und Journalist Fritz B. Busch in zwei Nebengebäuden von Schloss Wolfegg gesammelt und ausgestellt. Ein Oldtimerparadies für Autofans aller Altersklassen.

Schlossplatz; Tel. 0 75 27/62 94; www.automobilmuseum-busch.de; 15. März–15. Nov. tgl. 9.30–18 Uhr (im Winter nur So 10–17 Uhr sowie 6. und 7. Jan.); Eintritt Erw. 6 €; Kinder bis 14 Jahre 3 €

Bauernhaus-Museum

Ländliche Baukunst, duftende Gärten, Tiere, Kulturelles und Kulinarisches sind in diesem Freilichtmuseum im Ortsteil Wassers auf einem 19 ha großen Gelände vereint.

Tel. 0 75 27/63 00; 30. März–1. Nov. tgl. außer Mo 10–18 Uhr

Essen und Trinken

Gasthof zur Post

Hier ist die Gastronomie gut und bodenständig – jedoch mit moderner Offenheit. Wo in früheren Zeiten die Pferde gewechselt wurden, kreuzen sich heute die Wege der Radler, Autowanderer und des internationalen Konzertpublikums. Spezialitäten vom Chef: Maultaschen-Allerlei oder Frisches aus Wasser und Wald.

Tel. 0 75 27/9 61 40;
www.hotel-post-wolfegg.com;
Mi–Mo 8–24 Uhr ●● MASTER VISA

SERVICE

Auskunft

Wolfegg Information
Rötenbacher Str. 13;
Tel. 0 75 27/96 01 51, Fax 96 01-7 08;
www.wolfegg.de

Isny

→ S. 113, E 4

14 500 Einwohner

Käme man im Sommer mit einem Fesselballon langsam angeschwebt, so sähe man eine einzigartige karminrote Dachlandschaft und drei abgerundete Zwiebel-Kirchtürme zwischen weiten, löwenzahnübersäten Wiesen und den etwas ferneren, vielleicht noch weißen Alpen. Ein wahrhaft romantisches Landschaftsbild – das ist Isny von oben gesehen. Der mittelalterliche, gut erhaltene Stadtkern mit seiner dicken Wehrmauer sieht aus der Vogelperspektive wie ein riesiges, buntes Osterei aus.

Isny und die benachbarte Großgemeinde **Argenbühl** liegen etwas abseits von den großen, bekannten Wintersportgebieten, dennoch bietet die weite, hügelige Moorlandschaft den Gästen im Winter ein 85 km langes, schier unendliches Netz von gepflegten Langlaufloipen. Sogar Alpin-Abfahrten unter Flutlicht gibt es hier. Der heilklimatische Kurort in 900 m Höhe verfügt neben einer ganzjährigen »touristisch-kuristischen« Infrastruktur selbstverständlich auch über ein ausgedehntes Angebot an Wanderwegen – und es gibt ein über die Allgäuer Grenzen hinaus sehr bekanntes Kinderfest. Bei diesem **»Bogenspringen«** genannten Isnyer Kinderfest (alljährlich kurz vor Beginn der Sommerferien) wird die Bevölkerung schon beim ersten Hahnenschrei aus den Betten getrommelt. In farbenprächtigen Umzügen und Festspielen erzählen kostümierte Kinder vier Tage lang die Geschichte ihrer Stadt.

Von der stolzen Vergangenheit gibt es einiges zu berichten: Im 9. Jh. war der Flecken noch Lehensbesitz von St. Gallen. Rund um das 1096 gegründete Kloster gruppierte sich bald ein selbstständiger Marktflecken. 1281 gestattete Rudolf von Habsburg der Stadt Isny die Rechte einer Freien Reichsstadt. Im 14. und 15. Jh. führten die Weberindustrie und vor allem der Handel mit Leinwand in aller Welt die Stadt zu beachtlichem Reichtum. Trotz Pest, Kriegen und wirtschaftlichen Flauten blieb dieses Barock-Kleinod fast vollständig erhalten.

HOTELS/ANDERE UNTERKÜNFTE

Hohe Linde
Modern und trotzdem gemütlich, mit jeglichem Luxus und Hallenbad.
Lindauer Str. 75; Tel. 0 75 62/9 75 97,
Fax 97 59 69; www.hohe-linde.de;
34 Zimmer ●● CREDIT

Zum Bayrischen Wirt
Uriger Stil mit Komfort und hervorragend sortiertem Weinkeller.
Ortsteil Schweinebach;
Tel. 0 75 62/20 55, Fax 20 58;
10 Zimmer ● MASTER VISA

Zur Grenze
Rustikales Haus in idyllischer Waldrandlage. Wanderwege und Langlaufloipen direkt am Haus.
Schanz 2, Maierhöfen;
Tel. 0 75 62/97 55 10, Fax 9 75 51 29;
14 Zimmer ● MASTER VISA

SPAZIERGANG

»Mir nemmet uns koi Zeit, mir hond se« ist eine der beruhigenden Lebensweisheiten der Einheimischen. 75 Min. sollten Sie sich schon Zeit nehmen für einen berühmten Spaziergang: die »Tour der Türme«. Man bewegt sich sozusagen entlang der mittelalterlichen »skyline« – auf den Wehranlagen rund um den alten Stadtkern.

Wir beginnen im Herzen von Isny am **Marktplatz**, gleich neben **Rathaus** und dem **Blaserturm.** Beide Gebäude waren wohl einst auch miteinander verbunden. Der Blaserturm wurde im 16. Jh. erbaut und diente den Nachtwächtern als Aussichtsturm, um Alarm zu blasen, wenn es irgendwo brannte. Das Rathaus mit dem steilen Satteldach und dem Erker zeigt in seiner ersten Etage noch gut erhaltene Hochbarock-Stuckaturen. Weiter gehen wir über die Obertorstraße zum **Speicherturm.** Das rundliche Sandsteingebäude steht noch kerzengerade da, obwohl – wie die Chronik berichtet – in seinen Mauern »etlich Fesslin mit Pulffer« aufbewahrt wurden. Der nicht weit entfernte **Pulverturm** (15. Jh.) hingegen brannte einst aus, wurde jedoch im ursprünglichen Stil vor einigen Jahren restauriert.

Im Westen des Stadtkerns spazieren wir jetzt auf das wohl berühmteste Tor zu, das **Espantor** (1467). Mit »Espan« bezeichnete man im Mittelalter ein bestimmtes Stück Land, das von der Dreifelder-Landwirtschaft ausgenommen war, also gemeinschaftlich als Viehweide bzw. Festplatz genutzt wurde. Heute sieht man unterhalb des weißen Turms mit dem roten Ziegeldach wieder buntes Treiben vom Wochenmarkt. An der Turmstube des Espantors erkennt man im Sandstein das Wappen von Isny, den Reichsadler – Symbol dafür, dass die Stadt Isny einst unmittelbar dem Kaiser unterstand. Noch bedeutsamer aber ist das Hufeisen auf dem Bruststchild des Adlers. Es steht als Herkunftszeichen für die berühmte Isnyer Leinwand.

Über die gut erhaltene **Untere Stadtmauer** geht es nun in Richtung Nordosten weiter zum **Wassertor** (14. Jh.), in dem früher die Gefangenen eingesperrt wurden. Heute birgt es ein heimatgeschichtliches Museum. Linker Hand marschieren wir nun an der **Nikolai-Kirche** sowie an der **Stadtpfarrkirche St. Georg** vorbei und die Wassertorstraße an schönen Patrizierhäusern entlang; so erreichen wir wieder unseren Ausgangspunkt, den Marktplatz.

Reisen wie in der Biedermeier-Zeit, das kann der Besucher von Isny nach Ochsenhausen – und zwar stilgerecht in der Postkutsche. Bei der Kurverwaltung in Isny gibt es Informationen zum Zweispänner.

Sehenswertes

Nikolai-Kirche

Gleich gegenüber vom Wassertor steht die evangelische Nikolai-Kirche mit ihrem romanischen Turm und barocken »Hütchen«-Aufbau darüber. Auf den Resten der 1284 abgebrannten Klosterkirche erbaute man 1636 ein neues dreischiffiges Gotteshaus. Wie im lutherischen Sinne üblich, ist im Inneren alles recht schlicht gehalten. Prunkvoller und älter sind da schon die Räume über dem Chor. Hier findet man die mittelalterliche Predigerbibliothek, die ähnlich faszinierend wirkt wie jene in dem Mönchsfilm »Der Name der Rose«. Sie birgt 171 Inkunabeln (Werke aus der Anfangszeit des Buchdrucks) und 70 Handschriften, u. a. von Luther, Zwingli und Melanchthon.

St.-Georgs-Kirche

Die katholische St.-Georgs-Kirche liegt in direkter Nachbarschaft zur evangelischen Nikolai-Kirche. St. Georg gehört zum dreigeschossigen Benediktinerkloster, das zwischen 1096 und 1803 das geistige Leben von Isny beherrschte und heute ein Altersheim beherbergt. Die Stadtpfarrkirche wurde in den Jahren 1661 bis 1666 von den italienischen Brüdern Barbieri erbaut, der Turm kam erst 1710 hinzu. In dem dreischiffigen Kirchenhaus fallen die Stuckarbeiten des Wessobrunners Johann Georg Gigl sowie die Fresken von Hans Michael Holzhay auf.

Spital (Paul-Fagius-Haus)

Das ehemalige Hospital am Marktplatz (der Vorgängerbau brannte 1401 nieder) dient seit 1402 sozialen Zwecken (»Pfründnerhaus«) und kulturellen Belangen.

Museen

Museum am Mühlturm

Ausstellungen zum Flachsanbau, zur Weberei und zur Münzgeschichte.

Am Mühlturm; www.museum-isny.de; Di–So 14–17 Uhr; Eintritt 1,50 €

MERIAN-Tipp

10 Isny-Opern-Festival

Alljährlich im Juli treffen sich hier die Besten der internationalen klassischen Musikszene. Das Aufgebot besteht aus jungen Instrumentalisten oder Sängern, erfahrenen Musikern und Absolventen der Münchner Musikhochschule. Das garantiert Musikkultur vom Feinsten!

Tel. 0 75 62/51 25; www.isny-oper.de → S. 113, E 4

Wassertor-Museum

Türmerwohnung, Handwerkergeschichte und Feuerwehr-Historie.

Am Wassertor; Besuch nur mit Führung möglich: Mai–Okt. Sa 10 Uhr

Essen und Trinken

Historischer Gasthof Adler

→ S. 113, E 4

Schon im 15. Jh. diente der »Adler«, ein Haus mit sehenswerter Fassadenmalerei, Fahrgästen der Thurn- und Taxis-Post als Posthalter-Gasthaus. Sowohl Kaiserin Maria-Theresia als auch Königin Marie Antoinette kehrten hier gerne ein. Die Küche ist bis heute sehr traditionsbewusst geblieben.

Großholzleute; Tel. 0 75 62/97 54 70; Mo geschl. ●● MASTER VISA

Einkaufen

Sport Lingg

Gute Langlauf-Ausrüstungen.

Gerbergasse 7; Tel. 0 75 62/22 37

Käsküche Isny

Milchprodukte aus eigener Herstellung und andere ökologische Produkte. Führung: Fr 10.30 Uhr.

Maierhöfener Str. 78; Tel. 0 75 62/91 27 00

Am Abend

Isny-Oper

Unter der künstlerischen Leitung von Hans-Christian Hauser hat erstmals 1988 das Isny-Opern-Festival (→ MERIAN-Tipp, S. 87) stattgefunden. Die Freilichtaufführung auf der Naturbühne am Weiher beim Isnyer Kurhaus hat sich als fester Bestandteil im Kulturleben der Stadt etabliert.

Tanzcafé zur Grenze
In Maierhöfen: Tanztee mit Livemusik.
Schanz 2; Tel. 0 75 62/97 55 10; So 15–18 Uhr

SERVICE

Auskunft

Kurverwaltung Isny
Im Kurhaus am Park.
Tel. 0 75 62/98 41 10, Fax 98 41 72

Ziele in der Umgebung

Argenbühl → S. 113, D 4

5900 Einwohner

Westlich von Isny liegt knapp 700 m ü. d. M. ein großflächiger Ort, die so genannte württembergische »Landgemeinde« Argenbühl. Hier finden sich grüne Wiesen, sanfte Hügel, glückliche Kühe und rund 300 km ausgeschilderte Wanderwege. Dazu Sehenswertes wie die **Eglofser Barockkirche**, das Schloss und die **Burgruine von Ratzenried**, die **Mariengrotte in Eglofs** sowie mehrere Naturdenkmäler zwischen Eisenharz und Siggen.
10 km westl. von Isny

HOTELS/ANDERE UNTERKÜNFTE

Gasthaus Gaischachen
Familiäres Landgasthaus direkt an Wanderweg und Loipe.
Gaischachen 2; Tel. 0 75 66/15 39; 7 Betten ● ▭

Gasthof zur Rose → S. 113, D 4
Ruhig gelegener Landgasthof zwischen Isny und Wangen. Sauna.
Dorfplatz 7, Eglofs; Tel. 0 75 66/33 66, Fax 16 78; www.gasthof-zur-rose.info/800.htm; 30 Zimmer ● AmEx MASTER VISA

ESSEN UND TRINKEN

Landgasthof Krone → S. 113, D 4
Gutbürgerliche Küche mit Allgäuer und schwäbischen Schmankerln, erlesene Weine.
Florianweg 2, Eisenharz; Tel. 0 75 66/15 69; Mi geschl.
●● MASTER VISA

SERVICE

Auskunft

Gästeamt Argenbühl
Kirchstr. 9, Eisenharz; Tel. 0 75 66/9 40 20, Fax 94 02 99; www.argenbuehl.de

Leutkirch → S. 113, E 3

22 000 Einwohner

Um 1600 klapperten hier tausende von Webstühlen in über 200 Werkstätten. Leutkirch, ca. 15 km nördlich von Isny, war die Textilmetropole schlechthin. Zwischen alter Stadtmauer, Marktstraße und Schneegasse findet man auch heute noch die eine oder andere »Dunk«, eine frühere Weberwerkstätte.

Das Städtchen war einst Freie Reichsstadt, was das **Rathaus** (1739) mit seinen Laubengängen und dem wertvollen Stuck im Ratssaal sowie der **Bockturm** bezeugen.

MUSEEN

Heimatmuseum
Im ehemaligen Kornhaus birgt das Heimatmuseum wertvolle Exponate aus stolzer Handelszeit sowie Schriften des wichtigsten Allgäuer Geschichtsschreibers, des Leutkirchners Dr. Franz Ludwig Baumann (1846–1915).
Im »Bock«, Gänsbühl 9; Mi 15–18, So und Fei 10–12 und 14–17 Uhr; Eintritt 2 €

SERVICE

Auskunft

Gästeamt Leutkirch im Allgäu
Am Gänsbühl 6; Tel. 0 75 61/8 71 54, Fax 8 7 51 54; www.leutkirch.de

Wangen

···→ S. 112, C 4

27 000 Einwohner
Stadtplan → S. 89

Auf der Wiese« (»ze de wangun«) – da haben die Gründungsväter der Stadt doch etwas untertrieben, als sie um 815 in einer Urkunde die Lage der Siedlung beschrieben. Überaus lieblich in die Landschaft eingebettet, liegt die Stadt an der Oberen Argen.

Viele Jahre dem Kloster St. Gallen zugehörig, bildete sich schon früh (1217 erstmals erwähnt) ein Bürgertum, das sich bald (nach 1250) gegen die geistliche Macht stellte. War das Marktrecht (um 1150) noch eine Einrichtung des Abtes von St. Gallen, so ließen sich die Wangener Bürger anlässlich der Verleihung der Stadtrechte (1286), die zum Bau einer Stadtmauer berechtigten, nun auch von der weltlichen Macht König Rudolfs von Habsburg das Recht zur Abhaltung eines Wochenmarktes bestätigen.

Die erhaltenen Tore und Türme (St. Martinstor, Frauentor, Pulverturm) stammen wohl alle aus der Zeit der Stadtgründung, ihre heutige Gestalt aber erhielten sie um 1600. Die vielen Brunnen der Stadt lassen sich nicht

Dem Wangener Rathaus angebaut ist der Pfaffenturm, der einst das östliche Stadttor bildete.

nur zeitlich (1485 wird erstmals ein Brunnen erwähnt) unterschiedlich einordnen, sondern auch nach ihrer Lage in der Stadt: In der älteren Oberstadt dominieren die Steinbrunnen, in der Unterstadt (um 1400 in den Stadtmauerring einbezogen) die gusseisernen Brunnen. Vor ein paar Jahren wurde die Tradition Wangens als Brunnenstadt mit der Gestaltung so genannter Figurenbrunnen wiederbelebt. Diese von zeitgenössischen Künstlern geschaffenen Brunnenbecken stellen historische Motive und typische Eigenarten der Schwaben mit einem Augenzwinkern dar. Besonders gelungen ist der in der Lindauer Straße gelegene »Amtsschimmelbrunnen«, dessen einzelne Elemente frei beweglich sind.

Spaziergang

Der **Marktplatz** und die **Herrenstraße** gehören zu den schönsten Straßenbildern in Süddeutschland. Vom
10 Marktplatz mit dem **Rathaus** (15. Jh.) gehen wir nach Norden durch die Herrenstraße, vorbei am **Ritterhaus** (1789), zum **Frauentor** (1608). Ein paar Schritte zurück, dann links in die Zunfthausgasse mit dem **Weberzunfthaus** (14. Jh.). Auf dem kreuzenden Buchweg rechts Richtung St. Gallus-Brücke, wo wir auf den **Pulverturm** (Anfang 15. Jh.) treffen. Von dort durch die Grünanlagen zurück zum Eselberg mit der »Eselmühle« (15. Jh.), heute darin das **Heimatmuseum.** Hier beginnt die Spitalstraße – gleich links steht die **Spitalkirche** (1719–1723) –, der wir zurück zum Marktplatz folgen. Vorher stoßen wir auf den schönen Postplatz mit dem **Kornhaus** (1600–1602). Den Marktplatz begrenzt nach Süden die teils romanische, teils gotische **St.-Martins-Kirche**, von der wir über die hübsche **Paradiesstraße** zum **St.-Martins-Tor** (1608) gelangen.

Hotels/andere Unterkünfte

Alte Post → S. 89, b 2
Inmitten des mittelalterlichen Stadtkerns liegt das gemütliche Romantik-Hotel mit familiärer Atmosphäre, das neben komfortablen und stilvoll eingerichteten Zimmern auch ein gepflegtes Restaurant zu bieten hat. Hier werden nationale wie internationale Spezialitäten nebst einer Weinkarte mit erlesenen Tropfen offeriert.
Postplatz 2; Tel. 0 75 22/9 75 60, Fax 2 26 04; 19 Zimmer ●● CREDIT

Blaue Traube → S. 89, b 1
Schlichtes, aber hübsches Gebäude in zentraler Altstadtlage. Schwäbische Spezialitäten.
Zunfthausgasse 10; Tel. 0 75 22/66 27, Fax 66 20; 10 Zimmer ● MASTER VISA

Sehenswertes

Martinskirche → S. 89, b 2
Die Kirche St. Martin am Marktplatz reicht mit ihrem Turm bis in die Hohenstauferzeit zurück, auch die östliche Giebelwand des Mittelschiffs ist romanisch. Der gotische Chor kam 1386 hinzu, Schiff und der gotische

Teil des Turms erhielten im 15. Jh. ihre heutige Gestalt. Die Jahreszahl 1468 am Westportal dokumentiert den Abschluss der Erneuerungsarbeiten.

Postplatz mit Kornhaus

⇢ S. 89, b 2

Hinter dem Rathaus liegt der Postplatz, der gegen die Oberstadt durch die Kirchhofmauer, ein Teil der ältesten Stadtbefestigung, und das Waaghaus, Rathaus, Ratloch und Kornhaus abgegrenzt wird.

Rathaus ⇢ S. 89, b 2

Der älteste Gebäudeabschnitt des Rathauses gründet auf staufischem Befestigungswerk. Nach Umbauten und Erweiterungen im 15. Jh. wurde 1721 die zum Marktplatz zeigende Fassade barockisiert. Im Innern sind das barocke Treppenhaus mit der Landtafel (1617), die »alte Waage« im Untergeschoss und nicht zuletzt der repräsentative Ratsaal mit einer Stadtansicht von 1611 sehenswert.

Tore und Türme

Am Eingang zur Paradiesstraße steht das **St.-Martins-Tor (Lindauer Tor)**, das bereits 1347 als Sweglarstor Erwähnung findet; seine heutige Gestalt datiert aus dem Jahr 1608. Ebenfalls aus diesem Jahr stammt das **Frauentor (Ravensburger Tor)** am Ende der Herrenstraße; vermutlich geht es bis auf die Stadtgründung (1286) zurück, urkundlich wird es 1472 erstmals erwähnt. An der St.-Gallus-Brücke steht seit Anfang des 15. Jh. der **Pulverturm (Färberturm)**, errichtet im Zuge der Ummauerung der heutigen Unterstadt, doch erst 1596 erhielt er sein heutiges Aussehen.

Weberzunfthaus ⇢ S. 89, b 1

Das Zunfthaus der Weber an der Zunfthausgasse (Nr. 11) gilt als ältestes Bürgerhaus in Süddeutschland, dabei stammt nur die Hälfte aus der Mitte des 14. Jh., wie eine Bohlenbalkendecke von 1342 zeigt. Die andere Hälfte, der eigentliche Zunftsaal, stammt aus dem 15. Jh. 1591 wurde er im Renaissancestil ausgemalt. Nach Auflösung der Zünfte wurde der Bau mehrmals umgestaltet und als Wohn- und Wirtschaftsgebäude genutzt, bevor er in kommunalen Besitz gelangte.

Museen

Badstuben-Museum mit Städtischer Galerie ⇢ S. 89, c 2

Ausgrabungen in jüngster Zeit haben eine komplette Badeanlage aus dem Jahr 1589 freigelegt. Man stieß dabei auf noch wesentlich ältere Zeugnisse der Badekultur, vermutlich sogar aus den Anfängen des 15. Jh. Hier, wo einst Haar- und Bartscherer am Werk waren und zur Ader gelassen (»geschröpft«) wurde, kann im sehenswerten Kreuzgewölbe mit vier Rundsäulen das damalige Badewesen studiert werden.

Lange Gasse 9; Di–Fr, So 14–17, Sa 11–17 Uhr, Eintritt s. Eselmühle

Eichendorff-Museum ⇢ S. 89, c 1/2

Person und Werk von Joseph Freiherr von Eichendorff nehmen im Literaturmuseum (zusammen mit Gustav-Freytag-Museum) Gestalt an.

Lange Gasse 1; Öffnungszeiten wie Badstuben-Museum; Eintritt Badstuben-, Eichendorffmuseum, Eselmühle zusammen 2 €, ermäßigt 1 €

Eselmühle ⇢ S. 89, c 1

Gegenüber der Spitalkirche haben sich in der »Eselmühle«, wie der Volksmund die im 15. Jh. erbaute Mühle nennt, das **Heimat- und Käsereimuseum** sowie das **Museum für mechanische Musikinstrumente** eingerichtet.

Eselberg 1; Öffnungszeiten wie Badstuben-Museum; Eintritt Badstuben-, Eichendorffmuseum, Eselmühle zusammen 2 €, ermäßigt 1 €

Essen und Trinken

Am Kreuzplatz ⇢ S. 89, c 3

Im ehemaligen Gasthaus Goldenes Kreuz gibt es eine große Salataus-

wahl, saftige Steaks vom Grill, leckere Toastspezialitäten – für Vegetarier und auch für Liebhaber deftiger Kost.
Bindstr. 70, am Kreuzplatz;
Tel. 0 75 22/2 94 39 ●●● CREDIT

Café Walfisch → S. 89, a 2
Kuchen, Torten, Eis, 30 Sorten feinster Pralinen. In bester Altstadtlage am Lindauer Tor (Martinstor).
Paradiesstr. 7; Mo geschl. ●

Kempter → S. 89, b 2/3
Weinstube in der Altstadt, gegründet 1872, Jugendstil-Einrichtung.
Bindstr. 54; Tel. 0 75 22/2 20 20;
So geschl. ●

Zum Kornhausmeister → S. 89, b 3
Altdeutsche Weinstube im Herzen der Altstadt, seit 1860 im Familienbesitz. Der Wein kann auch im schönen Gewölbekeller verkostet werden.
Bindstr. 29; Tel. 0 75 22/23 83;
tgl. ab 16 Uhr, So und Mo geschl. ●

Am Abend

Hinderofen → S. 89, b 2
Abendcafé direkt am historischen Marktplatz. Ausgesuchte Weine, frisch gezapfte Biere, am Sonntag ab 10.30 Uhr Frühstücksbuffet.
Am Marktplatz; Tel. 0 75 22/34 56

Service

Auskunft → S. 89, b 2
Gästeamt Wangen
Marktplatz 1;
Tel. 0 75 22/74-211, Fax 74-2 14;
www.wangen.de

Ziele in der Umgebung

Lindenberg → S. 117, D 9

11 500 Einwohner

Dieses Bergstädtchen mitten im grünen Allgäu liegt nur rund 20 km vom Bodensee entfernt. Natürlich gibt es hier in 750 m Höhe eine Super-Loipe (vom Waldsee zum Alpsee 50 km), geräumte Wanderwege, einen Moorbadesee sowie mehrere Skilifte. Berühmt ist der Kurort jedoch wegen seiner Hutindustrie. Kleinere Betriebe verkaufen direkt vor Ort. Sehenswert ist aber nicht nur das Hut-Museum, sondern auch die Pfarrkirche (1912).
11 km südl. von Wangen

Das Lindenberger Hut-Museum bietet Einblicke in Fertigungstechniken der Hutmacherei, die bis ins 17. Jahrhundert zurückreichen.

Museen

Hut-Museum

Alte und neue Hutmode aus vielen Epochen. Schon zu Beginn des 17. Jh. begann man in Lindenberg Stroh zu flechten, 1656 folgte der Handel mit Strohhüten. Pferdehändler haben die Hutmacherkunst von ihren Reisen nach Italien mitgebracht. Arbeitsplätze in der Hutfertigung sind im Museum realistisch nachgestellt.

Brennterwinkel 4; Nov.–Jan. geschl., Feb.– April Mi 15–17.30, So 10–12, Mai–Okt. So, Mo 10–12, Mi 15–17.30 Uhr; Eintritt 1 €

Service

Auskunft

Verkehrsamt Lindenberg

Am Stadtplatz 1; Tel. 0 83 81/8 03 28, Fax 8 03 88; www.lindenberg.de

Scheidegg

→ S. 117, D 9

4100 Einwohner

18 km östlich von Lindau liegt der romantische Höhenkurort (804 m), der einst zu St. Gallen, dann zu Österreich und schließlich zu Bayern gehörte. Der Ort trägt das Zertifikat »Premium-Class«, was auf seine hochrangige Bedeutung unter den heilklimatischen Kurorten hinweist. Im Ort selbst herrscht buntes und gar nicht »kurschattiges« Treiben. Interessant sind einige schöne Läden einheimischer Kunsthandwerker. Aus der Schweizer Zeit stammt noch die St.-Gallus-Kapelle (1797/98) mit den Spätrokoko-Stuckaturen und den Altären des Hindelangers Konrad Eberhard. Im alten Pfarrhof, einem schönen Rokokogebäude, ist jetzt das Rathaus untergebracht.

12 km südl. von Wangen

Service

Auskunft

Kurverwaltung Scheidegg

Rathausplatz 4; Tel. 0 83 81/8 95 55, Fax 8 95 50

Weiler-Simmerberg

6500 Einwohner

→ S. 117, D 9

Mächtige Findlinge, so genannte erratische Blöcke, haben die eiszeitlichen Gletscher hier abgelagert. Ein riesiger Nagelfluhbrocken, der **Enschenstein**, diente schon Jahrhunderte vor der Zeitenwende als Felsenburg, selbst die Römer suchten hier Zuflucht vor den anstürmenden Alemannen. Diese Relikte gewaltiger Naturereignisse locken heute mehr Menschen an als die wenigen sichtbaren Reste der **Altenburg**, einst die Wohnburg der Ritter von Weiler. Die **Pestkapelle** an der Schulstraße ist eine der bedeutendsten im Landkreis Lindau. Das **Gasthaus Adler** in Ellhofen wurde 1570 als Amtshaus des Deutschen Ritterordens erbaut.

14 km südöstl. von Wangen

Hotels/andere Unterkünfte

Tannenhof

Kuren, Massagen, Beauty-Farm, Tennis, Golf und Fitness – alles unter einem Dach im Kurhotel Tannenhof.

Lindenberger Str. 33; Tel. 0 83 87/12 35, Fax 16 26; www.tannenhof.net; 102 Zimmer ●●●

Villa Gallen

Rustikales Restaurant-Café mit Gästezimmern im Allgäuer Stil, einem Erlebnisgarten und schöner Terrasse.

Bahnhofstr. 14; Tel. 0 83 87/4 63, Fax 86 34; 5 Zimmer, 2 Ferienwohnungen ●

Einkaufen

Käserei

Bregenzer Str. 96, Bremenried; Tel. 0 83 87/26 58; Besichtigung Juni–Sept. Di 17 Uhr

Service

Auskunft

Gästeamt Weiler-Simmerberg

Hauptstr. 14; Tel. 0 83 87/3 91 50; www.allgaeu.org/weiler-simmerberg

Routen und Touren

Im etwas flacheren Allgäuer Voralpengebiet finden Familien abwechslungsreiche Wanderwege durch die Natur, die genauso erholsam wie kurzweilig sein können.

Entlang idyllischer Seen radeln, auf aussichtsreiche Voralpengipfel wandern oder die zahlreichen Gesichter einer außergewöhnlichen Ferienregion erkunden: Vielseitigkeit ist im Allgäu Trumpf.

Besuch beim »Wächter des Allgäus« – Viele Wege führen auf den Grünten

Charakteristik: Variante 1 – gemütliche Wanderung über markierten Steig, nur im Gipfelbereich etwas steiler; Talort Rettenberg. Variante 2 – klassische Anstiegsroute, daher viel begangen, teilweise steileres Gelände, Talort Burgberg. Höchster Punkt: Grünten 1738 m; **Dauer:** Variante 1 – ca. 2,5 Std., Variante 2 – 2 Std. (jeweils nur Aufstieg); **Einkehrmöglichkeiten:** Grüntenhaus (1535 m), geöffnet an Weihnachten, Ostern, Pfingsten sowie von Anfang Juni bis Ende Okt.; **Karte:** → S. 118, A/B 13

Von Norden kommend bemerkt man ihn sofort: Der **Grünten** ist ein formschöner, allein stehender Voralpengipfel. Den Berg, der nicht umsonst auch der »Wächter des Allgäus« genannt wird, dekorieren zwei markante Bauwerke im Gipfelbereich: das 1924 erbaute Denkmal für die gefallenen Gebirgsjäger, ein gemauertes Monument, und der 92 m hohe Sendeturm des Bayerischen Rundfunks.

Die Aussicht vom Gipfel des Grüntens ist jeden Aufstieg wert. An klaren Tagen reicht der Blick von der Schweiz im Westen bis zur Zugspitze im Osten, nach Norden über das flacher werdende Voralpenland und zur Donau sowie bis weit in die Hochalpen im Süden.

Variante 1 → ab Rettenberg über den Fürstensteig und den NO-Kamm

Der Anstieg von **Rettenberg** führt vom Ort durch den Hasengarten, steigt über Wiesen in den nahen Wald und folgt einem bequemen Pfad, vorbei am Steinbruch, hinaus auf die Weidefläche der bewirtschafteten **Alpe Kammeregg**.

Der Weiterweg zum grünen Grat wird im letzten Teil etwas steiler. Kurz unter dem 1998 errichteten Gipfelkreuz kommt eine kleine Felsstufe, dann ist man am Ziel. Ab Alpe Kammeregg sind es noch ca. 1 1/2 Std.; Rückweg wie Anstiegsroute.

Der 1738 Meter hohe Voralpengipfel Grünten ist die perfekte Aussichtloge.

Variante 2 → von SW in Burgberg über Gasthaus Alpenblick

Wir beginnen die Bergwanderung am Parkplatz beim **Gasthof Alpenblick**. Von hier auf einer Almstraße mäßig ansteigend durch Wald und über freie Flächen bis zu einer kleinen Straße, die zur Kehralpe hinein führt. Von dort geht es weiter über Weideflächen in Serpentinen nördlich hinauf, vorbei an der bewirtschafteten Oberen Schwandalpe. Ca. 15 Min. später teilt sich der Weg: Man kann dem rechten Pfad über die Alpe Zweifelgehren, unter der Südseite des Gipfels vorbei zum **Rossköpfle** folgen, oder man wendet sich nach links hinauf über das Grüntenhaus zum Gipfel. Aufstiegszeit ca. 2 1/2 Std.

Für den Absteig vom Sender aus über den SW-Grat, dann links hinab zurück zum Grüntenhaus. Auf breitem Weg über Wiesenmulden und durch Wald gelangt man in den markanten Einschnitt des **Wurstbachtobels**. Erst rechts, dann links des Grabens zurück zur Straße und zum Gasthaus Alpenblick, ca. 1 1/2 Std.

Aussichtsloge und Schluchtenabenteuer – Zur Riedholzer Kugel und zum Eistobel

Charakteristik: Einfacher Wanderweg, im Eistobel bei Nässe rutschig, auch im Sommer wird empfohlen, warme Bekleidung mitzunehmen; Talort Riedholz; **Dauer:** auf die Kugel ca. 1 Std., Abstieg in den Eistobel ca. 40 Min., Rückweg 40 Min.; **Einkehrmöglichkeiten:** Gasthäuser in Riedholz und Hohenegg; **Karte:** ⇢ S. 113, E 4

Bereits südlich von Isny ragen die ersten Bergkuppen über die 1000-m-Grenze auf. Hier besuchen wir einen besonderen Aussichtsberg, die **Riedholzer Kugel**. Bei gutem Wetter sieht man von hier nicht nur den Säntis im Appenzeller Land oder die Allgäuer **Nagelfluhkette**, sondern blickt auch besonders schön auf das westlich vorgelagerte Hügel- und Bauernland.

Südlich der Riedholzer Kugel findet sich, vom Wasser der Oberen Argen im weichen Sandsteinfels eingeschnitten (→ Familientipps, S. 29), der so genannte **Eistobel**, eine Schlucht, die – nomen est omen – im Winter malerische Eisgebilde hervorbringt.

Riedholz ⇢ Riedholzer Kugel

An der alten Straße Richtung Maierhöfen zweigt kurz hinter dem Ortsende von **Riedholz** die Zufahrt zu den **Illerbergliften** ab. Hier starten wir unsere Tour. Durch ein Gatter und über die Weide geht es zum Waldrand. Nun stets entlang der Geländekante im Wald, über aussichtsreiche Lichtungen zur 1066 m hohen Riedholzer Kugel.

Riedholzer Kugel ⇢ Eistobel

Vom Gipfel aus folgen wir nun dem SW-Rücken wieder durch Wald, dann links abwärts zu den Häusern von **Hohenegg** (Einkehrmöglichkeit). Weiter hinab zum nächsten Waldrand, dann auf einem Fahrweg nach Westen, vor einer Ruine scharf nach links hinunter in den Eistobel.

Eistobel ⇢ Riedholz

Über einen Eisensteg gelangt man in die Schlucht. Besonders für Kinder ist nun viel Abwechlsung geboten: Wir passieren die schrägen Wände des großen Wasserfalls, mächtige Blöcke aus Nagelfluh, dazwischen auch einige Rastplätze zum Brotzeitmachen.

Weiter bis unter die große **Argenbrücke** und empor zum Rastplatz an ihrem Südende, dann über die Brücke und auf der Straße zurück nach Riedholz bzw. zurück zum Parkplatz.

Wunder der Natur: Der Eistobel, eine faszinierende Schlucht, lockt im Sommer mit vielen Freizeitmöglichkeiten.

Biken, Baden, Bergblick – Radtour zu den kleinen Badeweihern rund um Seeg

Charakteristik: Gemütliche Rundtour über sanft gewellte, kleine Nebenstraßen und Forstwege; **Länge:** 40 km; **Dauer:** 3 Std. (ohne Badepausen); **Einkehrmöglichkeit:** Beichelstein Alpe, auf der Höhe zwischen Seeg und Hopferau, geöffnet tgl. außer Mo 10–23 Uhr; **Auskunft:** Gästeinformation Seeg, Hauptstr. 33, Tel. 0 83 64/98 30 33, www.seeg.de; **Karte:** → S. 99

Sieben kleine, teilweise sehr einsame Seen entlang einer Fahrradroute, die das hügelige Voralpenland nordwestlich von Füssen von der besten Seite zeigt – das ist in der Tat eine Traumtour für Genießer und Wasserratten.

Seeg → Attlesee

Von Seeg aus führt uns die Route auf dem Radweg entlang der Bundesstraße vorbei an den Seeger Seen zum **Schwaltenweiher**. Wir umrunden den See und biegen in Goldhasen in Richtung **Neuweiher** ab – ein richtiger Moorsee, dunkel und kalt. Von dort geht es weiter durch den Weiler Dederles nach **Attlesee**, hinunter zum gleichnamigen See.

Attlesee → Hopfensee

Auf einer fast unbefahrenen Nebenstraße geht es nun genüsslich auf und ab durch Oberdolden, Hummel und Schweinegg nach Zell. Hier zweigt in der Ortsmitte links der Radweg Bodensee-Königssee ab, dem wir folgen. So erreicht man die Ruinen **Hohen-Freyberg** und **Eisenberg** (nettes Museum, Burgschänke zur Einkehr sowie gute Aussicht von den Ruinen zu den Königsschlössern). Weiter von Eisenberg nach Hopfen am Hopfensee.

Hopfensee → Seeg

Im Sommer ist es hier nicht mehr so ruhig. Man riecht förmlich die Sonnenmilch in den sich füllenden Strandbädern, ein echtes Kontrastprogramm zu den ruhigen Weilern und Orten davor.

Über Heidelsbuch und Erkenbolding fahren wir weiter nach Rieden am **Forggensee**. Dort biegen wir im Ort links zum winzigen, auch im Sommer meist ruhigen **Faulensee** ab.

Der Weg zurück führt uns schließlich wieder über winzige Straßen, Forstwege, entlang grüner Kuhweiden sowie über die Weiler Unterlangegg, Unterhalden und Roßfallen – kleine Ansiedlungen mit einigen schmucken Bauernhöfen – zurück zu unserem Ausgangspunkt, nach Seeg.

Auf den zahlreichen kleinen Nebenstraßen und einsamen Wirtschaftswegen rund um Seeg sind Radler oftmals ungestört.

Roßhaupten
Rieden
Forggensee
Schwangau
Füssen
Hopfen
Hopfensee
Seeg
Rückholz
Nesselwang
Pfronten
Eisenberg
Zell
Hopferau
Attlesee
Kögelweiher
Schwaltenweiher
Seeger See
Faulensee
Weißensee
Hündeleskopf 1198
Zwieselberg 1050
Schönbuche 827
Perrlenbichel 825
Schroteneck 961
Kohlbichel 908
2,1 km
©MERIAN-Kartographie

Gute Aussichten – Zwei Tage auf der Deutschen Alpenstraße von Lindau nach Füssen

Charakteristik: Aussichtsreiche Panoramastraße entlang der Alpen; zählt zu den Highlights des Allgäus; **Länge:** ca. 150 km; **Dauer:** 2 Tage; **Einkehrmöglichkeiten:** books – Bücher & Cafe, Oberstaufen; **Übernachtung:** Ringhotel Traube, Thalkirchdorf, Tel. 0 83 25/92 00 (→ MERIAN-Tipp, S. 15); **Karte:** ⟶ S. 101

Die **Deutsche Alpenstraße** ist die älteste deutsche Ferienroute. Sie wurde als Erstes durch König Maximilian II. mit Pferd und Kutsche bereist. Als sich später die ersten Autotouristen aufmachten, kam man auf die Idee, eine Bergstraße von West nach Ost zu bauen – 465 km lang. 1927 wurde nach einem Plan von Sanitätsrat Dr. Knorz mit dem Bau begonnen. Das Ziel: die Quertäler der Alpen (Ost-West-Richtung) zwischen Bodensee und Königssee durch einen fest definierten Straßenzug entlang der Bayerischen Alpen zu verbinden. Es sollte eine Panorama- oder Aussichtsstraße werden. Weil man sie am Alpenrand quer zu allen bestehenden Fahrverbindungen anlegte, gab man ihr den Namen Queralpenstraße. Das war sehr irreführend, denn niemand wollte quer durch die Alpen fahren; es sollte an ihnen entlanggehen. Deshalb spricht man heute auch zumeist nur noch von der Deutschen Alpenstraße.

Die heutige Streckenführung erhielt die Deutsche Alpenstraße in den 1930er-Jahren. Sie verläuft über 450 aussichtsreiche Kilometer vom Bodensee bis ins Berchtesgadener Land. Die Bergkulisse bietet neben urigen Dörfern und malerischen Kurorten natürlich Schlösser und Burgen sowie zahlreiche klare Gebirgsseen. Ihr westlicher Teil im Allgäu – zwischen dem Bodensee und Füssen – ist eine der schönsten Etappen.

Drei Partien sollte man noch besonders hervorheben: Da ist das

Der Name ist Programm: Entlang der Deutschen Alpenstraße gehört faszinierendes Bergpanorama, hier am Forggensee, dazu.

»Paradies«, an einer Spitzkehre westlich von Oberstaufen. Dort haben Sie wunderschöne Ausblicke in die Berge, in das bayerische Voralpenland und auch hinüber nach Österreich. Der Aufstieg der **Jochstraße** von Hindelang nach Oberjoch ist ebenfalls sehr schön. Am Oberjoch bei Wertach ist mit 1178 m der höchste Punkt der Tour erreicht. Und den dritten prächtigen Abschnitt entdecken Sie, wenn es von Weißbach am **Weißensee** vorbei nach Füssen geht.

Für die vorgeschlagene Etappe von Lindau nach Füssen sollte man zwei Tage einplanen.

Lindau ⇢ Lindenberg

Vom am Bodensee gelegenen Ort Lindau verläuft die Deutsche Alpenstraße unter anderen durch Weißensberg, Sigmarszell, den Kurort Scheidegg nach Lindenberg. Bereits 1656 florierte hier der Handel mit Strohhüten. Das Städtische Hut-Museum in **Lindenberg**, in dem alle Schritte der Fertigung gezeigt werden, lohnt einen Zwischenstopp (→ S. 93).

Lindenberg ⇢ Oberstaufen

Weiter führt der Weg über Weiler-Simmerberg und Oberreute in Deutschlands einziges Schroth-Heilbad **Oberstaufen**. Machen Sie Rast im books – Bücher & Cafe (→ S. 43) bei einem echten italienischen Latte Macchiato.

Oberstaufen ⇢ Sonthofen

Auf dem nächsten Teilabschnitt gibt es viel zu tun und zu sehen. Natürlich bietet sich ein Stopp am **Großen Alpsee** an oder ein Ausflug zum **Kletterwald Bärenfalle** (→ MERIAN-Tipp, S. 26). Für eine Übernachtung empfiehlt sich der historische Landgasthof **Ringhotel Traube** in Thalkirchdorf (→ MERIAN-Tipp, S. 15).

Sonthofen ⇢ Bad Hindelang

Heute fahren wir weiter über den Kurort Sonthofen mit der beeindruckenden **Starzlachklamm** (→ S. 44).

Bad Hindelang ⇢ Oberjoch

Eine 500 Jahre alte Hammerschmiede am Anfang zum Ostrachtal ist in Bad Hindelang die Attraktion (→ S. 45), die einen Stopp wert ist, bevor es weiter nach **Oberjoch**, zum höchsten Bergdorf Deutschlands, geht. Hier ist große Skitradition zu Hause.

Oberjoch ⇢ Nesselwang

Über Jungholz führt der Weg schließlich in den Luftkurort **Nesselwang**. Der Ferienort ist auch für seine Brauereigeschichte berühmt. Einige Braugasthöfe bieten übrigens auch Bierverkostungen an.

Nesselwang ⇢ Füssen

Endspurt über Pfronten, entlang beeindruckender Alpenkulisse von Breitenstein, Aggenstein und Roßberg, Paradegipfel der **Tannheimer Berge**, und vorbei am schönen Weißensee nach Füssen.

Von hier geht's zum Wandern, z. B. zu den Königsschlössern (→ S. 58), oder einfach nur zum Baden.

Informationen über die gesamte Strecke gibt es bei der ARGE Deutsche Alpenstraße, Nördliche Hauptstr. 1–3, 83700 Rottach-Egern; Tel. 0 80 22/ 9 27 37-0, 9 27 37-50.

Wissenswertes über das Allgäu

Kein Sommer auf der Alp ohne die großen Glocken, die die Leitkühe umgehängt bekommen. Dekoratives Beiwerk sind die bunt geschmückten Lederbänder.

Von A (Anreise) bis Z (Zeitungen), von Sprache und Dialekt bis zum Wetter: Hier finden Sie Wichtiges und Nützliches, Informatives oder Allgemeines für Ihren Urlaub.

Jahreszahlen und Fakten im Überblick

ca. 1300 v. Chr.
Die ältesten Spuren menschlicher Besiedlung im Allgäu stammen von den Illyrern, gefolgt von den Kelten um 500 v. Chr. Sie bauen die ersten befestigten Ortschaften wie »Cambodunum«, das heutige Kempten.

15 v. Chr.
Die römischen Feldherren Tiberius und Drusus, Stiefsöhne von Kaiser Augustus, erobern das Land zwischen Donau und Alpen. Entscheidend dabei ist die Seeschlacht gegen die Kelten auf dem Bodensee.

259–260 n. Chr.
Die Alemannen, denen die Allgäuer ihre Sprache verdanken, besiegen die Römer nach einigen vergeblichen Angriffen und zerstören Cambodunum. In den folgenden Jahren besiedeln sie das Allgäu erstmals flächendeckend.

536–817
Die Franken unterwerfen die Alemannen (»Alle Männer«) und gliedern deren Gebiet als eigenes Herzogtum in ihr großes fränkisches Reich der Merowinger und Karolinger ein. Die heidnischen Alemannen werden christianisiert, St. Gallener Mönche gründen Benediktinerklöster in Füssen und Kempten. 817 wird das Allgäu erstmals als »Albigaue« (später Albigoi) urkundlich erwähnt; gemeint waren damit zunächst die Alpenvororte Oberstdorf, Fischen und Sonthofen.

9.–12. Jh.
Kaiser Otto und Bischof Ulrich besiegen die Ungarn 955 auf dem Lechfeld. Das Allgäu wird wieder unabhängiges Stammesherzogtum. Kirche, Klöster und niederer Adel erhalten mehr Macht. Die Staufer stellen ab 1079 die Herzöge und machen ab 1139 Schwaben zum Zentrum ihres Kaiserreiches. Isny, Kempten, Wangen, Kaufbeuren, Memmingen und Leutkirch erhalten nun ihre Stadtrechte, gehören aber noch nicht zum »Albgau«.

1268
Mit Konradin, dem letzten Hohenstaufer, stirbt das Geschlecht aus. Er wird in Neapel hingerichtet, das Herzogtum Schwaben zerfällt.

1432
Der junge Herzog Albrecht III. von Bayern heiratet heimlich die schöne Augsburger Baderstochter Agnes Bernauer. Doch sein Vater Herzog Ernst lässt sie in der Donau ertränken.

16. Jh.
1512 wird Schwaben der siebte Kreis in der neuen Reichsaufteilung. Die Augsburger Kaufleute Fugger und Welser finanzieren 1519 die Wahl des Habsburgers Karl V. zum neuen Kaiser. 1525 rebellieren die Bauern gegen Adel und Kirche, verlieren jedoch nach einem halben Jahr ihren »Bauernkrieg«. Viele Bürger aus Memmingen, Kaufbeuren und Kempten bekennen sich zu Martin Luthers Lehre. Der Augsburger Religionsfriede von 1555 kittet die religiöse Unruhe im Allgäu nur provisorisch.

1618–1648
Im Dreißigjährigen Krieg holen die Lutheraner die Schweden zu Hilfe, die Katholiken dagegen den Kaiser und seine Soldaten. Neben Mord und Totschlag gibt die Pest den Rest ... das Allgäu verliert rund zwei Drittel seiner Bevölkerung.

18. Jh.
Wittelsbacher und Habsburger streiten sich um Allgäuer Grafschaften. Selbst Österreicher und britische Feldherren (Herzog von Marlborough)

mischen mit. Die Kirche baut viele barocke Wallfahrtsstätten. 1737 legt das Stift Kempten die erste deutsche Landtafel an (Grundbuchamt). 1771 wird der berühmte Wilddieb Matthias Klostermeyer (»Bayerischer Hiasl«) bei Kaufbeuren gefangen und in Dillingen gevierteilt. 1775 wird in Kempten die letzte »Hexe« Deutschlands hingerichtet.

1803
Nach der Besatzung durch Napoleons Revolutionsarmee erhält Bayerns Kurfürst (und späterer König) im Tauschgeschäft gegen linksrheinische Gebiete das »schwäbische Ländle von Donau bis Bodensee«. Nun geht es im Allgäu wirtschaftlich aufwärts. Aus dem »blauen Allgäu« des Flachsanbaus für Leinenweberei wird das »grüne Allgäu« der Milchwirtschaft. Der Schweizer Senner Johann Althaus bringt den Bauern bei, wie man Käse macht, besonders den »Emmentaler«.

1830
Der Tourismus beginnt, speziell der Alpinismus. Das klassische Allgäu mit der nördlichen Grenze Memmingen–Mindelheim bis hinunter zu den Alpen bildet sich als Feriengebiet heraus.

1848
Bayerisches Militär unterdrückt mit Gewalt Allgäuer Bürgerversammlungen, die den Ruf nach Freiheit wagen.

1897
Der erste Dieselmotor der Welt, erbaut in der Augsburger Maschinenfabrik, arbeitet in der Zündholzfabrik von Kempten.

1921
In Kempten wird die »Allgäuer Butter- und Käsebörse« gegründet.

1945
Alliierte Bomber vernichten im Februar Teile der Innenstadt von Sonthofen. Heimatvertriebene aus Böhmen und Schlesien sorgen vielerorts für Bevölkerungszuwachs.

1956
Die Franzosen geben den Landkreis Lindau wieder an den Regierungsbezirk Schwaben zurück.

1972
Die Gebietsreform in der Bundesrepublik bildet drei neue Allgäuer Landkreise: Oberallgäu mit der Kreisstadt Sonthofen, Unterallgäu (Mindelheim) und Ostallgäu (Marktoberdorf). Die bayerischen Gemeinden des Westallgäus gehören zum Landkreis Lindau (Bodensee). Kempten, Memmingen und Kaufbeuren bleiben kreisfrei. Der Raum Wangen, Isny und Leutkirch bildet das württembergische Allgäu.

1984
Mit öffentlichen Kampagnen wehren sich die »Spätzle-Allgäuer« gegen die Invasion der bayerischen Knödel.

1994
Nach der Wiedervereinigung wählen Tourismusexperten der neuen deutschen Bundesländer das Allgäu zum beliebtesten inländischen Ferienziel. In den Jahren danach wechselt der Rang in der Beliebtheitsskala: mal hat der Norden (Ostsee, Nordsee) die Nase vorn, mal der Süden.

1999
Der Orkan »Lothar« verwüstet auch im Allgäu weite Gebiete und Wälder.

2000
Mit der Uraufführung des Musicals »Ludwig II.« im neu erbauten Festspielhaus bekommt die Region einen weiteren Anziehungspunkt. Im März 2005 geht das Musical in einer Neufassung in die zweite Runde.

2005
Oberstdorf ist Austragungsort der Ski-WM. Sonthofen wird »Internationale Alpenstadt des Jahres«.

Nützliche Adressen und Reiseservice

Auf einen Blick

Einwohnerzahl: 640 000 (gesamt)
Dialekte: niederalemannisch (Westen u. südl. Oberallgäu); Schwäbisch (Mitte, Ost-, Unterallgäu)
Verwaltungseinheiten:
Oberallgäu – Einwohner: 149 000, Fläche: 1528 qkm. Gebildet 1972, Regierungsbezirk Schwaben, südl. Landkreis der Republik, besteht aus 28 Städten, Märkten und Gemeinden. Höhe zwischen 622 und 2649 m ü. d. M. Zehn Naturschutzgebiete und 25 Landschaftsschutzgebiete bilden 40 % der Landkreisfläche.
Ostallgäu – Einwohner: 130 000, Fläche: 1395 qkm, davon 387 qkm Wald. Gebildet 1972, Regierungsbezirk Schwaben, besteht aus 45 Städten, Märkten und Gemeinden. Höhe zwischen 582 und 2082 m ü. d. M. Bekanntestes Bauwerk und Wahrzeichen des Landkreises: die Königsschlösser Neuschwanstein und Hohenschwangau.
Unterallgäu – Einwohner: 134 000, Fläche: 1229 qkm. Gebildet 1972, Regierungsbezirk Schwaben, besteht aus 52 Städten, Märkten und Gemeinden. Höhe zwischen 520 und 845 m ü. d. M. Ausgewiesene Kurregion mit Kneippheilbädern und einer hohen Dichte von Kurorten.
Westallgäu – Einwohner: 78 000, Fläche: 323 qkm. Gebildet 1972, besteht aus 20 Städten, Märkten und Gemeinden. Höhe zwischen 401 und 1118 m ü. d. M. Die große Kreisstadt Lindau ist am Bodensee gelegen. Das Kreisgebiet gehört zum Westallgäuer Hügelland.
Württembergisches Allgäu – Einwohner: ca. 149 000; mit Teilen des Landkreises Lindau und Ravensburg sowie Altrkreis Wangen.

Anreise

Mit dem Auto

Zwei Autobahnen durchziehen das Gebiet von Norden nach Süden: Die A 7 aus Richtung Ulm endet in Füssen. Bei Memmingen stößt aus östlicher Richtung die nahezu ausgebaute A 96 aus München hinzu, die über Wangen nach Lindau führt. Wer gerade in der Hochsaison im Juli/August einige Staus vermeiden will, sollte sich auf die gut ausgebauten Bundesstraßen begeben.

Von Augsburg führt die B 17 über Landsberg als **Romantische Straße** am Lech entlang bis nach Schongau, um dann in südwestlicher Richtung nach Füssen zu schwenken. Eine gute Abkürzung von Nord-Ost nach Süd-West bietet die B 12, die mittlerweile immer besser ausgebaut worden ist und von Buchloe an Kaufbeuren und Marktoberdorf vorbei nach Kempten und dann als **Oberschwäbische Barockstraße** weiter über Isny bis Lindau führt. Wunderschön ist auch die **Deutsche Alpenstraße**, die als B 308 von Sigmarszell im Westallgäu über Oberstaufen, Immenstadt, Sonthofen bis nach Hindelang und Oberjoch führt.

Mit dem Zug

Die Direktverbindungen aus ganz Deutschland ins Allgäu sind optimal. Von der Hauptstrecke München–Lindau–Zürich etwa fahren in Buchloe, Memmingen und Wangen stündlich Nahverkehrszüge, die im so genannten Allgäu-Schwaben-Takt eingebunden sind. Die Mitnahme von Fahrrädern ist meist kostenlos.

Viele Ferienorte bieten Pauschalarrangements an, die die Anreise per Bahn mit einer Busfahrkarte vor Ort beinhalten. Spezielle Wochenend- oder Familienangebote sind z. B. als Bayern-Ticket ab 24 € erhältlich. Wer nicht auf das eigene Auto verzichten

möchte, reist entspannt und kostengünstig mit dem DB-Auto-Zug an.
Auskunft für D, A und CH:
www.dbautozug.de
www.bahn.de oder
www.bayern-fahrplan.de
www.fahrplan.oebb.at
www.sbb.ch

Mit dem Flugzeug
Die nächsten internationalen Flughäfen befinden sich in München, Augsburg, Stuttgart, Innsbruck und Zürich. Der kleine Flughafen in Friedrichshafen am Bodensee ist besonders für Flüge von und nach Hamburg, Berlin, Frankfurt oder Köln/Bonn sowie von und nach Wien oder Graz hilfreich, hat aber auch Anbindung z. B. nach London, Santa Cruz auf La Palma und – man staune – Sharm el Sheikh in Ägypten (www.fly-away.de).

Auskunft

Tourismusverband Allgäu/Bayerisch Schwaben
Postfach 10 25 29, 86015 Augsburg;
Tel. 08 21/45 04 01-0, Fax 45 04 01-20;
E-Mail: info@tvabs.de
Oberallgäu Tourismus Service
Hindelanger Str. 35, 87527 Sonthofen;
Tel. 0 83 21/8 00 45 40;
www.oberallgaeu.de

Tourismusverband Ostallgäu
Schwabenstr. 11, 87616 Marktoberdorf;
Tel. 0 83 42/91 13 13, Fax 91 15 44;
www.ostallgaeu.de

Kneippland Unterallgäu
Bad-Wörishofer-Str. 33, 87719 Mindelheim; Tel. 0 82 61/99 53 75, Fax 99 53 32;
E-Mail: tourismus@lra.unterallgaeu.de

Touristikverband Lindau-Westallgäu
Stiftsplatz 4, 88131 Lindau;
Tel. 0 83 82/27 01 36, Fax 27 01 15;
E-Mail: tourismus@landkreis-lindau.de

Ferienregion Allgäu-Bodensee
Kurhaus am Park, 88316 Isny
im Allgäu; Tel. 0 75 62/9 84-1 10,
Fax 9 84-1 72;
E-Mail: info@kurverwaltung.isny.de

Buchtipps/Magazine

Kluger, M.: *Städtetouren zwischen Allgäu und Ries*, Vlg. Wißner 2005; Adler, K.: *Lebenslandschaft Allgäu*, Edition Isele 2000; Seibert, D.: *Zauberhafte Bergwelt Allgäu*, Ziethen-Panorama Vlg. 2001; Rother Wanderführer: *Allgäu*, Rother Vlg. 2004.

Camping

Knapp 50 Campingplätze sind in einer speziellen Allgäu-Broschüre aufge-

Bei der alljährlichen »Viehscheid« im September, wenn die Kühe rund und glücklich von der Alp nach Hause ziehen, wird's auf den Straßen manchmal eng.

listet. Praktisch jeder Ferienort bietet mindestens eine dieser beliebten (und hervorragend ausgestatteten) Übernachtungsanlagen an, mit sanitären Einrichtungen selbst für Rollstuhlfahrer; viele mit Freibad oder Badestrand; mit Tischtennis fast alle. Einige sind auch im Winter geöffnet, offerieren sogar Eisstockschießen bzw. Eislaufen. Näheres erfährt man jeweils über die Fremdenverkehrs- oder Kurämter. Die Broschüre »Camping im Allgäu« erhalten Sie beim **Tourismusverband Allgäu/Bayerisch Schwaben** (→ Auskunft, S. 107).

Glossar

allad	immer
bacha	backen
Båhla	Kater
Bäschtlar	Bastler
a bizla	ein bisschen
Bolla	Ball, Kugel, Knödel
Bschiß	Betrug
Daas	Tannengrün, Zweige
driële	sabbern, tropfen
Fehl	Mädchen
's Fidle	der Hintern
gigåmpfe	schaukeln, wippen
gli	gleich
Goggelar	Gockel, Hahn
Grischbala	schmaler Mensch
d'r Grind	der Kopf
grüebig	gemütlich
gruzge	knarzen, knarren
's Gschwerl	der Abschaum
's Häs	Kleidung, das Gewand
Hennapfrupfa	Gänsehaut
hoibe	Heu machen
hoigade	ratschen, tratschen
Huinze	Heuharfe am Feld
Kittl	Jacke
kitzabollele	Graupeln
kneischte	stöhnen
kuahranzanacht	stockdunkel
Lätsche	dummes Gesicht
Laible	Weihnachtsgebäck
lose	hören, lauschen
Mächlar	Macher, Bastler
Näs	Nase
Pfose	Schmalzgebäck aus Hefeteig
Rangga	ein großes Stück Brot
Ranza	Bauch
Schalingga	Hörnerschlitten
schlenze	werfen, schleudern
schliëfe	schlupfen
schnipfle	schneiden, schnitzen
Schpriegla	Holzscheite
verschliëfe	verschwinden
zmål	plötzlich
Zorabank'r	Jemand, der jähzornig ist
zore	zürnen, wüten
zwapsle	zappeln

Industrie

439 von bayernweit 7786 industriellen Betrieben sind im Allgäu beheimatet (Stand 2004). 57 999 Menschen sind in den Allgäuer Betrieben beschäftigt. International bekannte Firmen mit Weltpatenten stammen aus dem Allgäu, wie z.B. die Firmen Stetter und Goldhofer aus Memmingen oder Liebherr in Biberach.

Internet

Die meisten Städte und Gemeinden haben unter ihrem Namen eine eigene Homepage eingerichtet. Interessante, für die Ferienregion Allgäu relevante Infos und Anregungen finden Sie auch unter **www.allgaeu.info** oder **www.dein-allgaeu.de**. Bei letzterer Adresse sind oft auch Webcams eingerichtet, die das aktuelle Wetter vor Ort zeigen.

Jugendherbergen

In einigen größeren Ferienorten und in den großen Allgäuer Städten gibt es eine Jugendherberge. (Reservierung empfohlen!). Benötigt wird der Jugendherbergsausweis. Diesen erhalten Sie beim **Deutschen Jugendherbergswerk (DJW).**
Postfach 1455, 32704 Detmold;
Tel. 0 52 31/7 40 10

Kleidung

Je nach Reisezeit und Urlaubsinteresse empfiehlt es sich, spezielle Wander-, Kletter-, Bade-, Radler- oder Skiausrüstung einzupacken. In jedem Fall aber – sogar im Sommer – sollten

Sie für kühlere Abende einen Pullover bzw. eine Regenjacke mitnehmen. Auch in den besseren Hotels ist durchweg legere Kleidung angesagt. Das Abendkleid, den Smoking und selbst Anzug plus Krawatte kann man getrost zu Hause lassen. Es sei denn, Sie gehen im Kleinwalsertal ins Casino oder auch auf den großen Silvesterball ins Füssener Kurhaus.

Notruf

Für Bergsteiger, Skiläufer und alpine Wanderer besonders wichtig sind folgende Telefonnummern:
Rettungsleitstellen: 1 92 22
Polizei: 1 10

Reisewetter

Das **Jahresmittel der Temperatur** liegt ähnlich dem deutscher Mittelgebirge bei 6,5 °C.

Der Frühling ist mild und im Durchschnitt lange nicht so verregnet wie in Norddeutschland. Am Bodensee beginnt er um 4 bis 6 Wochen früher als in Gebirgsnähe. Die Berge können noch bis Ende Mai verschneit sein. Der Sommer ist wärmer als im übrigen Deutschland, mit mehr Sonnentagen als in jeder anderen Region. Allerdings wird es hier nie so drückend heiß wie z. B. in der Rheinischen Tiefebene oder im Brandenburgischen. Der Herbst ist meist sonnig und bietet eine klare Sicht. Das liegt vor allem am Föhn. Diese klimatische Besonderheit bewirkt einerseits eine glasklare Fernsicht, andererseits aber auch die Möglichkeit eines plötzlichen Wetterumsturzes, der für Bergsteiger gefährlich werden kann. Der Winter ist im Allgäu merklich kalt, im Januar und Februar auch tagsüber mit Minusgraden. In den vergangenen Jahren gab es selbst in den tieferen Lagen reichlich Schnee, so dass Ski und Rodel von Mitte Dezember bis Ende März sogar garantiert waren.

Sprache

Den einen Allgäuer Dialekt gibt es nicht. Vielmehr ist in der Region eine Reihe zum Teil ganz unterschiedlicher Mundart-Variationen zu hören. Die sprachliche Grenze trennt das Allgäu grob in eine schwäbische und eine

Entfernungen (in km) zwischen wichtigen Orten im Allgäu

	Bad Wörishofen	Füssen	Isny	Kaufbeuren	Kempten	Lindau	Marktoberdorf	Memmingen	Sonthofen	Wangen
Bad Wörishofen	–	59	78	17	51	102	29	36	79	72
Füssen	59	–	71	42	41	107	30	72	49	91
Isny	78	71	–	66	26	36	54	43	37	24
Kaufbeuren	17	42	66	–	40	102	12	55	68	90
Kempten	51	41	26	40	–	62	25	35	28	50
Lindau	102	107	36	102	62	–	87	68	64	22
Marktoberdorf	29	30	54	12	25	87	–	57	59	75
Memmingen	36	72	43	55	35	68	57	–	63	46
Sonthofen	79	49	37	68	28	64	59	63	–	61
Wangen	72	91	24	90	50	22	75	46	61	–

alemannische Seite. Alemannen sind die Westallgäuer und die Oberallgäuer südlich von Immenstadt, der Rest zählt zu den Schwaben. Ein Beispiel für Allgäuer Dialekt, der für beinahe die gesamte Region gilt, ist die abgewandelte Endung von Substantiven. Handelnde Personen oder auch Geräte, die hochsprachlich auf »-er« enden, werden im Allgäu mit der Endung »-ar« versehen. Ein Maler ist demnach ein »Malar«, ein Hörnerschlitten ein »Hornar«. Eine deutliche sprachliche Abgrenzung gibt es zu den Bewohnern des angrenzenden Kleinwalsertals, die ihre Mundart zum Großteil aus ihrer alten Heimat, dem Ober-Wallis, mitgebracht haben. Zu allen anderen österreichischen Nachbarn sind die Grenzen hingegen fließend. Im vorderen Bregenzerwald wird nur geringfügig anders gesprochen als im Westallgäu, und auch zwischen Pfronten und dem Tannheimer Tal oder zwischen Füssen und dem Tiroler Raum um Vils und Reutte gibt es eine große sprachliche Nähe (→ Glossar, S. 108).

Verkehrsverbindungen

Sämtliche größeren Allgäuer Ortschaften sind durch bestens ausgebaute Bundesstraßen miteinander verbunden. Viele dieser Autorouten, wie etwa die Deutsche Alpenstraße, führen durch landschaftlich höchst reizvolle Gebiete.

In den Innenstädten versucht man den Verkehr soweit wie möglich fern zu halten. In vielen Orten gibt es an der Peripherie **Parkplätze**, von wo aus Busse die Gäste kostenlos in die Innenstadt befördern. Darüber hinaus bietet die Kurkarte vielerorts Vergünstigungen, die neben dem kostenlosen Transport des Koffers zum Bahnhof, auch zum preisermäßigten Besuch eines Heimatabends oder eines Hallenbades berechtigt.

Der Verzicht aufs eigene Auto wird auch erleichtert durch das **»grenzenlose Urlaubsticket«** G.U.T., das die Benutzung vieler Busse und Bergbahnen verbilligt. Mit der **»Allgäu-Walser-Card«** schont man in der Ferienregion Oberallgäu seinen Geldbeutel. Verbilligten Zugang zu vielen Seilbahnen, Bädern und Sportanlagen ermöglicht die **»Allgäu-Tirol-Card«**.

Informationen über die **aktuellen Straßenverhältnisse** erhalten Sie von den örtlichen **Verkehrsämtern** oder vom **ADAC**, Tel. 01 80/5 10 11 12.

Bahn und Bus

Ein engmaschiges Netz an Bahn- und Busverbindungen verknüpft alle größeren Orte des Allgäus im Stundentakt, auch am Wochenende.

Mit dem so genannten **Allgäu-Schwaben-Takt** hat man ganzjährig zwischen Memmingen, Kempten, Kaufbeuren, Füssen und Sonthofen immer Anschluss an kleinere Buslinien, die dann weiter in die umliegenden Dörfer fahren. Die Buslinie »Queralpen« führt von Lindau über Isny bis nach Füssen. Die »Sieben-Schwaben-Linie« fährt von Memmingen über Wangen und die Dörfer bis nach Meersburg, die »Deutsche Alpenpost« geht von Füssen über Oberstdorf und Immenstadt nach Lindau.

Fahrrad

Es gibt unzählige Fahrradverleihstationen in fast allen Urlaubsorten des Allgäus.

Wer mit Rad und Bahn unterwegs sein möchte, entnimmt aus dem Prospekt »Radeln«, Übersichtskarte mit Radausflügen, des Tourismusverbandes Allgäu/Bayerisch Schwaben (→ S. 107) nützliche Tipps.

Zeitungen

Viele große Allgäuer Städte haben ihre eigene Lokalzeitung. Die große überregionale, seriöse Tageszeitung ist für die Allgäuer die »Augsburger Allgemeine«, gern gelesen wird auch die »Allgäuer Zeitung«, im Füssener Raum oftmals auch die »Süddeutsche Zeitung«.

Kartenatlas

Orientierung leicht gemacht: mit Planquadraten und allen Orten und Sehenswürdigkeiten.

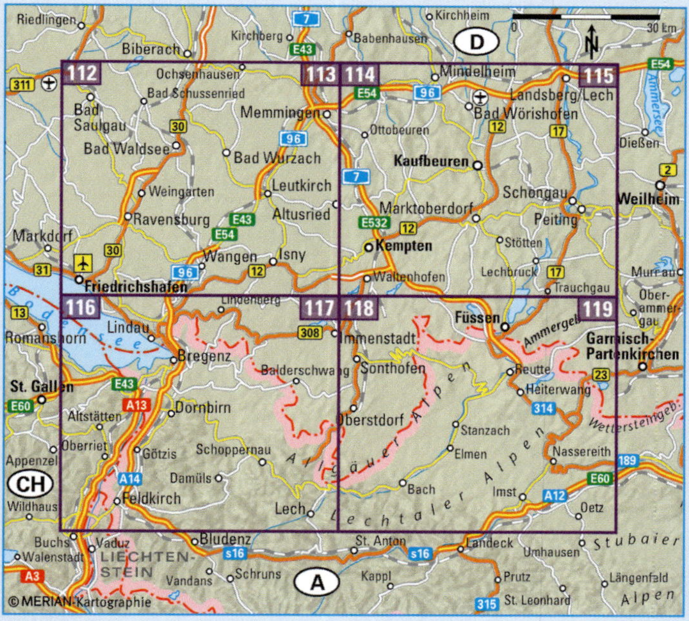

Legende

Routen und Touren

- Wege auf den Grünten: Ab Rettenberg oder von Burgberg (S. 96)
- Zur Riedholzer Kugel und zum Eistobel (S. 97)
- Radtour rund um Seeg (S. 98)
- Deutsche Alpenstraße: Von Lindau nach Füssen (S. 100)

Sehenswürdigkeiten

- MERIAN-TopTen
- MERIAN-Tipp
- Sehenswürdigkeit, öffentl. Gebäude
- Sehenswürdigkeit Kultur
- Sehenswürdigkeit Natur

Sehenswürdigkeiten ff.

- Kirche
- Kloster
- Schloss, Burg
- Burgruine
- Museum
- Denkmal

Verkehr

- Autobahn
- Autobahnähnliche Straße
- Fernverkehrsstraße
- Hauptstraße
- Nebenstraße
- Unbefestigte Straße, Weg

Verkehr ff.

- Parkmöglichkeit
- Busbahnhof
- Bahnhof
- Flughafen
- Flugplatz
- Seilbahn, Sessellift

Sonstiges

- Information
- Theater
- Campingplatz
- Friedhof
- Naturparkgrenze

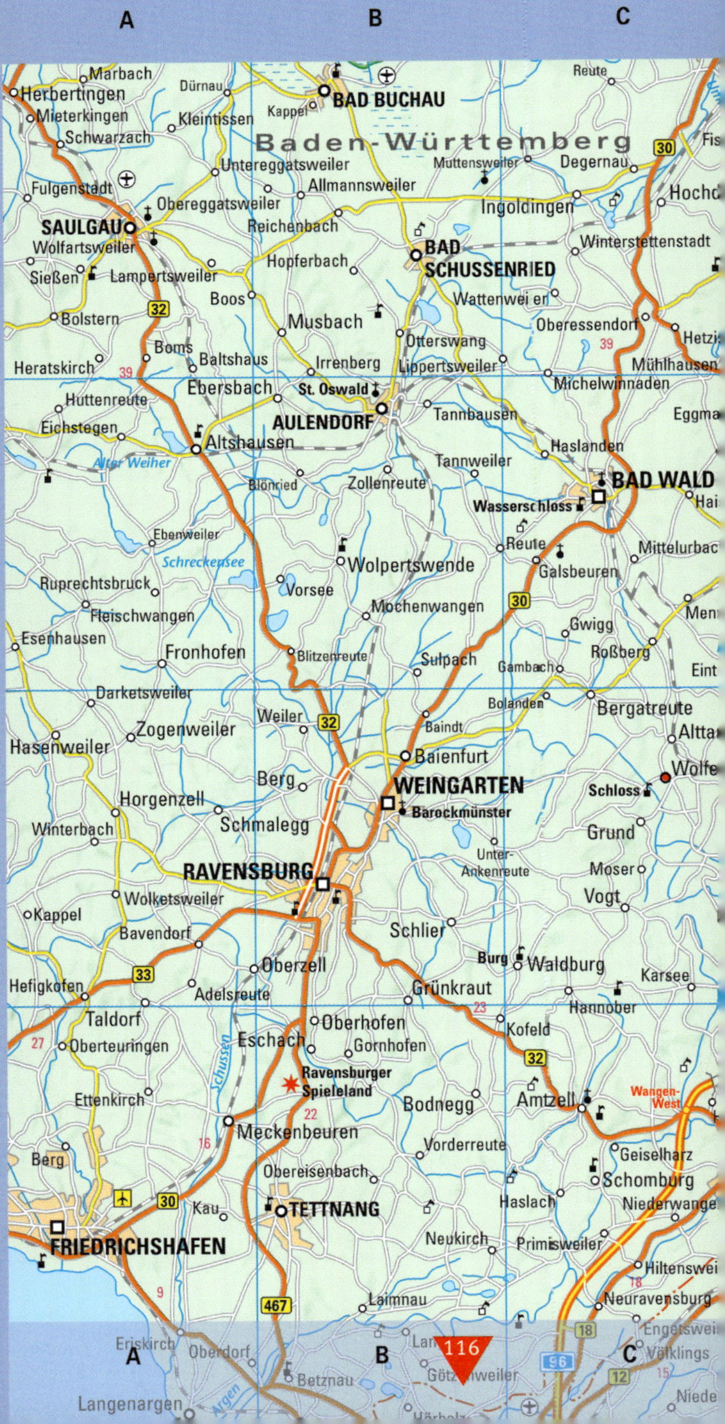
A
B
C
1
2
3
4
Marbach
Herbertingen
Mieterkingen
Schwarzach
Dürnau
Kleintissen
Kappel
BAD BUCHAU
Reute
Baden-Württemberg
Untereggatsweiler
Muttensweiler
Degernau
30
Fulgenstadt
Allmannsweiler
Obereggatsweiler
Ingoldingen
Hochd
SAULGAU
Reichenbach
Wolfartsweiler
BAD SCHUSSENRIED
Winterstettenstadt
Hopferbach
Sießen
Lampertsweiler
Boos
Wattenweiler
32
Bolstern
Musbach
Oberessendorf
Otterswang
Hetzi
Boms
Baltshaus
39
Heratskirch
Irrenberg
Lippertsweiler
Mühlhausen
Ebersbach
St. Oswald
Michelwinnaden
Huttenreute
AULENDORF
Tannhausen
Eggma
Eichstegen
Altshausen
Haslanden
Alter Weiher
Tannweiler
BAD WALD
Blönried
Zollenreute
Hai
Wasserschloss
Ebenweiler
Reute
Mittelurbac
Schreckensee
Wolpertswende
Galsbeuren
Ruprechtsbruck
Vorsee
Fleischwangen
Mochenwangen
30
Men
Gwigg
Esenhausen
Fronhofen
Blitzenreute
Sulpach
Roßberg
Gambach
Eint
Darketsweiler
Bolanden
Bergatreute
Weiler
32
Zogenweiler
Baindt
Alttar
Hasenweiler
Baienfurt
Wolfe
Berg
WEINGARTEN
Schloss
Horgenzell
Barockmünster
Winterbach
Schmalegg
Grund
Unter-Ankenreute
Moser
RAVENSBURG
Vogt
Wolketsweiler
Kappel
Schlier
Bavendorf
Burg
Waldburg
Oberzell
33
Karsee
Hefigkofen
Adelsreute
Grünkraut
Hannober
23
Taldorf
Oberhofen
Kofeld
27
Oberteuringen
Eschach
Gornhofen
32
Schussen
Ravensburger Spieleland
Ettenkirch
Bodnegg
Amtzell
Wangen-West
22
Meckenbeuren
16
Vorderreute
Geiselharz
Berg
Obereisenbach
Schomburg
30
Kau
TETTNANG
Haslach
Niederwange
FRIEDRICHSHAFEN
Neukirch
Primisweiler
Hiltensweil
9
18
467
Laimnau
Neuravensburg
Eriskirch
Oberdorf
18
Engetsweil
A
B
116
C
96
Vöklings
Betznau
Götzenweiler
12
15
Langenargen
Argen
Niede

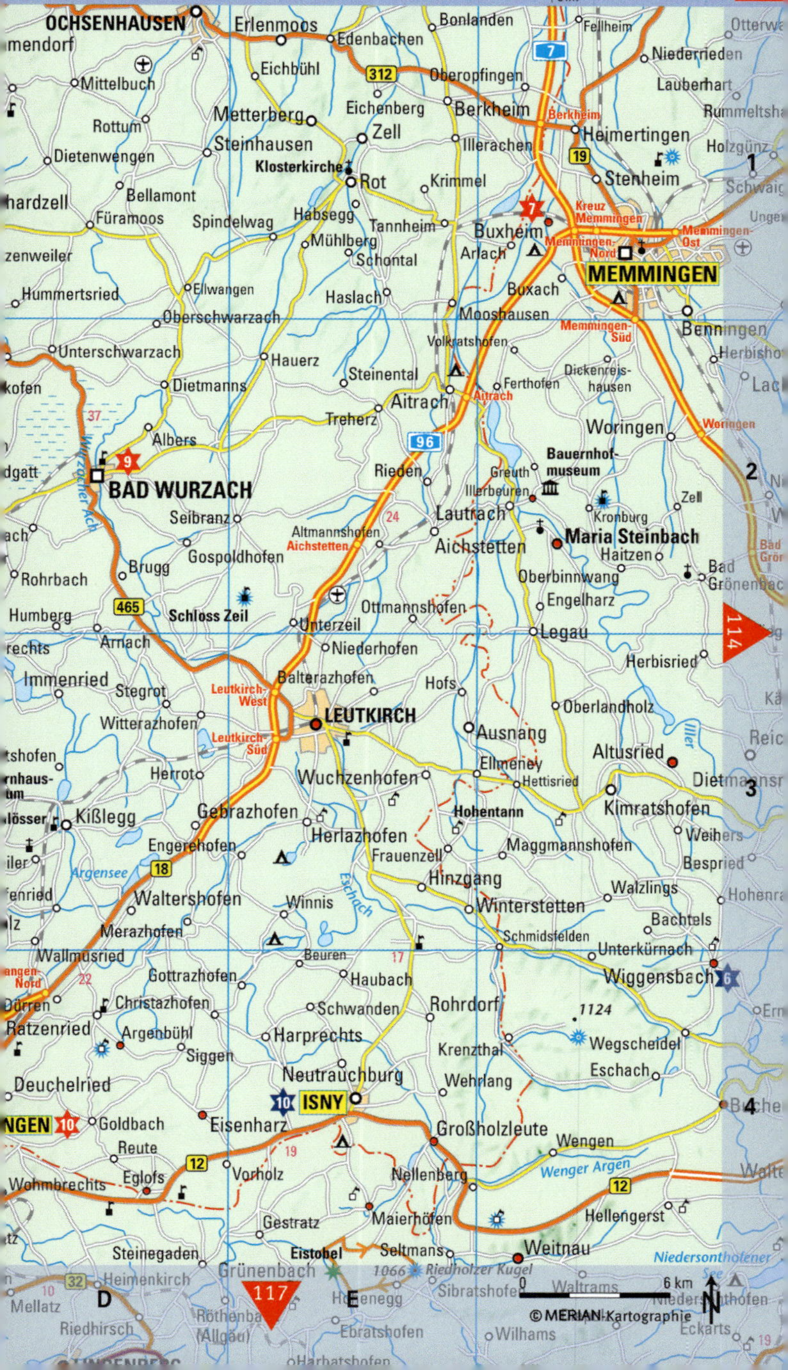
Ulm
OCHSENHAUSEN
Erlenmoos
Edenbachen
Bonlanden
Fellheim
Niederrieden
mendorf
Eichbühl
Oberopfingen
Lauberhart
Mittelbuch
Rottum
Metterberg
Eichenberg
Berkheim
Heimertingen
Rummeltshausen
Steinhausen
Zell
Illerachen
Holzgünz
Dietenwengen
Klosterkirche
Rot
Krimmel
Steinheim
Bellamont
Habsegg
Tannheim
Kreuz Memmingen
Memmingen-Ost
Füramoos
Spindelwag
Mühlberg
Buxheim
Memmingen-Nord
Arlach
Schontal
MEMMINGEN
Ellwangen
Haslach
Buxach
Hummertsried
Oberschwarzach
Mooshausen
Memmingen-Süd
Benningen
Unterschwarzach
Volkratshofen
Herbishofen
Hauerz
Steinental
Ferthofen
Dickenreis-hausen
Dietmanns
Aitrach
Treherz
Woringen
Albers
Bauernhof-museum
Rieden
Greuth
Illerbeuren
BAD WURZACH
Wurzacher Ach
Lautrach
Kronburg
Seibranz
Altmannshofen
Aichstetten
Maria Steinbach
Haitzen
Gospoldhofen
Bad Grönenbach
Brugg
Oberbinnwang
Rohrbach
Engelharz
Humberg
Schloss Zeil
Ottmannshofen
Unterzeil
Legau
Arnach
Niederhofen
Herbisried
Immenried
Balterazhofen
Leutkirch-West
Hofs
Stegrot
Oberlandholz
Witterazhofen
LEUTKIRCH
Ausnang
Leutkirch-Süd
Altusried
Iller
Herrot
Ellmeney
Hettisried
Wuchzenhofen
Dietmannsried
Kimratshofen
Hohentann
Kißlegg
Gebrazhofen
Weihers
Herlazhofen
Engerazhofen
Maggmannshofen
Frauenzell
Argensee
Bespried
Hinzgang
Eschach
Walzlings
Waltershofen
Winnis
Winterstetten
Hohenrad
Bachtels
Merazhofen
Schmidsfelden
Unterkürnach
Wallmusried
Beuren
Haubach
Wiggensbach
Gottrazhofen
Christazhofen
Rohrdorf
Schwanden
1124
Ratzenried
Argenbühl
Harprechts
Wegscheidel
Siggen
Krenzthal
Eschach
Deuchelried
Neutrauchburg
Wehrlang
ISNY
Goldbach
Eisenharz
Großholzleute
Reute
Wengen
Wenger Argen
Eglofs
Vorholz
Nellenberg
Wohmbrechts
Hellengerst
Gestratz
Maierhöfen
Steinegaden
Eistobel
Seltmans
Weitnau
Niedersonthofener See
Heimenkirch
Grünenbach
1066
Riedholzer Kugel
Sibratshofen
Waltrams
0
6 km
Mellatz
117
Hohenegg
Röthenbach (Allgäu)
Ebratshofen
Wilhams
Riedhirsch
© MERIAN-Kartographie
Eckarts
Harbatshofen
114

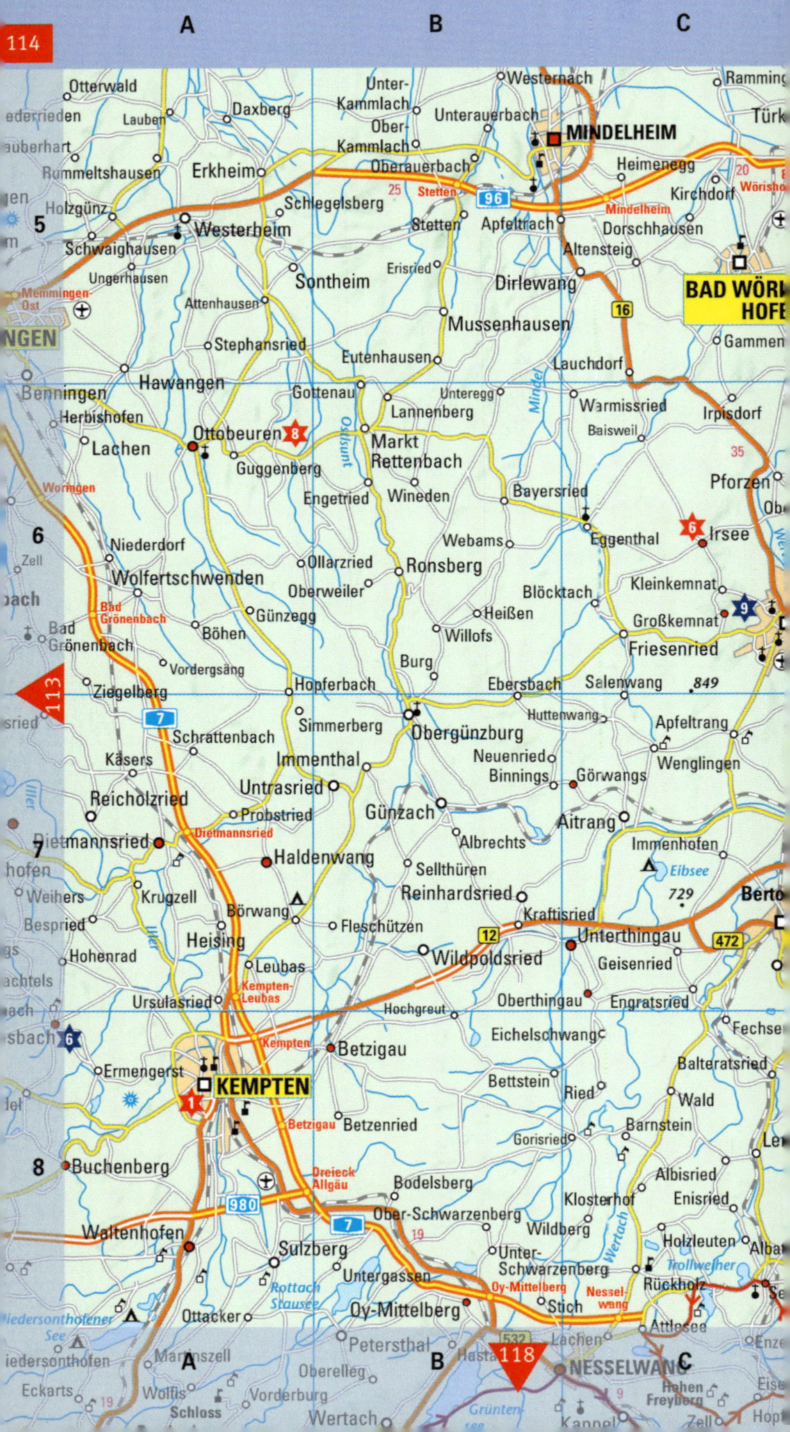
A
B
C
5
6
7
8
Otterwald
Lauben
Daxberg
Unter-Kammlach
Ober-Kammlach
Unterauerbach
Westernach
MINDELHEIM
Ramming
Türk
Heimenegg
Kirchdorf
Wörishofen
Mindelheim
Oberauerbach
Stetten
96
Erkheim
Rummeltshausen
Holzgünz
Schlegelsberg
Westerheim
Schwaighausen
Ungerhausen
Memmingen-Ost
Apfeltrach
Dorschhausen
Altensteig
BAD WÖRISHOFEN
Sontheim
Erisried
Dirlewang
16
Attenhausen
Mussenhausen
Stephansried
Eutenhausen
Lauchdorf
Gammen
Hawangen
Benningen
Gottenau
Unteregg
Warmisried
Irpisdorf
Herbishofen
Lannenberg
Mindel
Baisweil
Lachen
Ottobeuren
Markt Rettenbach
Östlicher Günz
35
Guggenberg
Pforzen
Woringen
Engetried
Wineden
Bayersried
Niederdorf
Webams
Eggenthal
Irsee
Zell
Ollarzried
Ronsberg
Wolfertschwenden
Oberweiler
Blöcktach
Kleinkemnat
Bad Grönenbach
Günzegg
Heißen
Großkemnat
Böhen
Willofs
Friesenried
Vordergsäng
Burg
Ziegelberg
Hopferbach
Ebersbach
Salenwang
849
113
7
Simmerberg
Huttenwang
Apfeltrang
Schrattenbach
Obergünzburg
Käsers
Immenthal
Neuenried
Wenglingen
Binnings
Görwangs
Reicholzried
Untrasried
Probstried
Günzach
Aitrang
Dietmannsried
Albrechts
Immenhofen
Eibsee
Haldenwang
Sellthüren
Weihers
Krugzell
Reinhardsried
729
Bertoldshofen
Börwang
Bespried
Fleschützen
Kraftisried
Heising
12
Unterthingau
472
Hohenrad
Wildpoldsried
Leubas
Geisenried
Kempten-Leubas
Ursulasried
Hochgreut
Oberthingau
Engratsried
Fechsen
Kempten
Betzigau
Eichelschwang
Ermengerst
Balteratsried
KEMPTEN
Bettstein
Ried
Wald
Betzigau
Betzenried
Barnstein
Gorisried
Buchenberg
Dreieck Allgäu
Bodelsberg
Albisried
Enisried
980
Klosterhof
Ober-Schwarzenberg
Wildberg
Waltenhofen
Wertach
Holzleuten
Sulzberg
Unter-Schwarzenberg
Trollweiher
19
Rottach Stausee
Untergassen
Oy-Mittelberg
Nessel-wang
Rückholz
Stich
Niedersonthofener See
Ottacker
Oy-Mittelberg
Attlesee
532
Lachen
Petersthal
Niedersonthofen
Martinszell
Oberelleg
118
NESSELWANG
Eckarts
Wolfis
Schloss
Vorderburg
Wertach
Grünten
Hohen Freyberg
Kappel
Zell

Oberigling
Landsberg-Nord
Penzing
Landsberg-Ost
96
21
Schöffelding
München
Amberg
Dillishausen
LANDSBERG AM LECH
Wiedergeltingen
Buchloe-Ost
Landsberg-West
BUCHLOE
Unterfinning
Honsolgen
Erpfting
Pürgen
Buchloe-West
Jengen/Kaufbeuren
Gennach
Finning
Pitzling
Hausen
Bronnen
17
Hofstetten
Weicht
Waal
Emmenhausen
Stoffen
Lengenfeld
Windach-Speicher
Jengen
Singold
Unterdießen
Hagenheim
Beckstetten
Ummenhofen
Dornstetten
12
Eurishofen
Waalhaupten
Seestall
Ketterschwang
Oberdießen
Mundraching
Issing
Lengenfeld
Asch
Vilgertshofen
Gutenberg
Oberostendorf
Unter-
642
Fuchstal
Ludenhausen
Westendorf
Abstried
Reichling
27
Welden
Hühner-B.
Denklingen
Aufkirch
Epfach
Rottbach
Rott
Mauerstetten
Dienhausen
Apfeldorf
Haid
3
Stöttwang
Frankenried
Kinsau
Wessobrunn
Osterzell
Bayern
Bärensee
Mariae Himmelfahrt
29
Hohenfurch
Bachtelsee
Wielenbach
Berlachberg
Sachsenried
Altenstadt
798
Bidingen
Schwabbruck
St. Michael
Bernbach
Ingenried
SCHONGAU
Hohenpeißenberg
Geislatsried
472
Hausen
Huttenried
25
4
Peißenberg
988
Peiting
Frankau
Selbensberg
Staustufe
Tannenberg
Ammer
Rettenbach
Burggen
Kreut
Ramsau
901
Reisgang
752
Remnatsried
Lech
17
Hirschau
23
Böbing
Stötten
Wimpes
Butzau
Illach
Rottenbuch
Auerberg
1055
Bernbeuren
Rudersau
16
Heggen
Schönberg
30
Echerschwang
Steingaden
Wildsteig
Kirmesau
Lechbruck
736
Morgenbach
Bad Bayersoien
Lechbruck
Langenwald
Sameister
Wies
Wieskirche
Prem
Unterried
Hausen
Saulgrub
Premer Lechsee
Reithen
Birnbaum
Altenau
Ammer
Roßhaupten
Thal
Trauchgau
Unternogg
Dietringen
Greith
34
Hohe Bleick
1638
Forggensee
Rieden
Hopfen
Buching
Unterammergau
0
6 km
N

119

112
A
B
C
9
10
11
12
Friedrichshafen
Hiltensweile
Neuravensburg
Laimnau
467
Eriskirch
Oberdorf
Langnau
Engetsweiler
Völklings
18
96
12
Betznau
Götzenweiler
Niederstaufen
Langenargen
Argen
Tunau
Kressbronn
Hörbolz
Weißensberg
Sigmarszell
Scheid
Weißensberg
Sigmarszell
Nonnenhorn
Bodolz
Bösenreutin
Wasserburg
Moggers
Schachen
Lindau
Lindau
Hörbranz
Lochau
Hörbranz-Lochau
Eichenberg
Bodensee
Lochau
Pfändertunnel
(6719 m)
Pfänder
1064
13
Altenrhein
Bregenz
Bregenz-Weidach
Rorschach
Rheineck
Fußach
Lauterach-Wolfurt
Kennelbach
Gaißau
Lauterach
Buch
Höchst
Wolfurt
Rheineck
St. Margrethen
Bildstein
St. Margrethen
St. Margrethen
Schwarzach
Eggersriet
Dornbirn-Nord
Grub
Heiden
190
Schweiz
Au
Lustenau
A14
Ammenegg
Au
Dornbirn-Süd
Bödele
Oberegg
Reute
204
Schwarzenberg
Balgach
203
Dornbirn
Trogen
Widnau
Bersbuch
Ruppen
Marbach
Widnau
Gütle
Diepoldsau
Rappenloch-schlucht
Altstätten
Aach
A13
Rhein
Hohenems
Staufen
1465
Forst
Kriessern
Kriessern
Hohenems
Eichberg
Altach
Ebnit
Mäder
Altach
Mörzelsp.
1830
13
Hueb
Gözenerberg
Oberriet
Götzis
Götzis
Koblach
Klaus
Fraxern
Hoher
Freschen
2006
Oberriet
Klaus
Rüthi
Weiler
1795
Plans
Meiningen
Röthis
Zwischenwasser
Büchel
Rankweil
Oberdorf
Sennwald
Altenstadt
Rankweil
Gisingen
Feldkirch-Nord
Thal
Äugstisried
Ambergtunnel
(2967 m)
Nöfels
Übersaxen
Bad Laterns
Innerlaterns
Sennwald
Ruggell
Feldkirch
Schellenberg
Göfis
Salez
Dünserberg
Feldkirch-Frastanz
Satteins
Mauren
St. Gerold
Haag
A13
Schnifis
Haag
Eschen
Frastanz
Lutz
A14
Amerlügen
Schlins
FL
Thüringen
13
Rhein
Nendeln
Gurtis
Latz
190
Bludesch
A
B
C

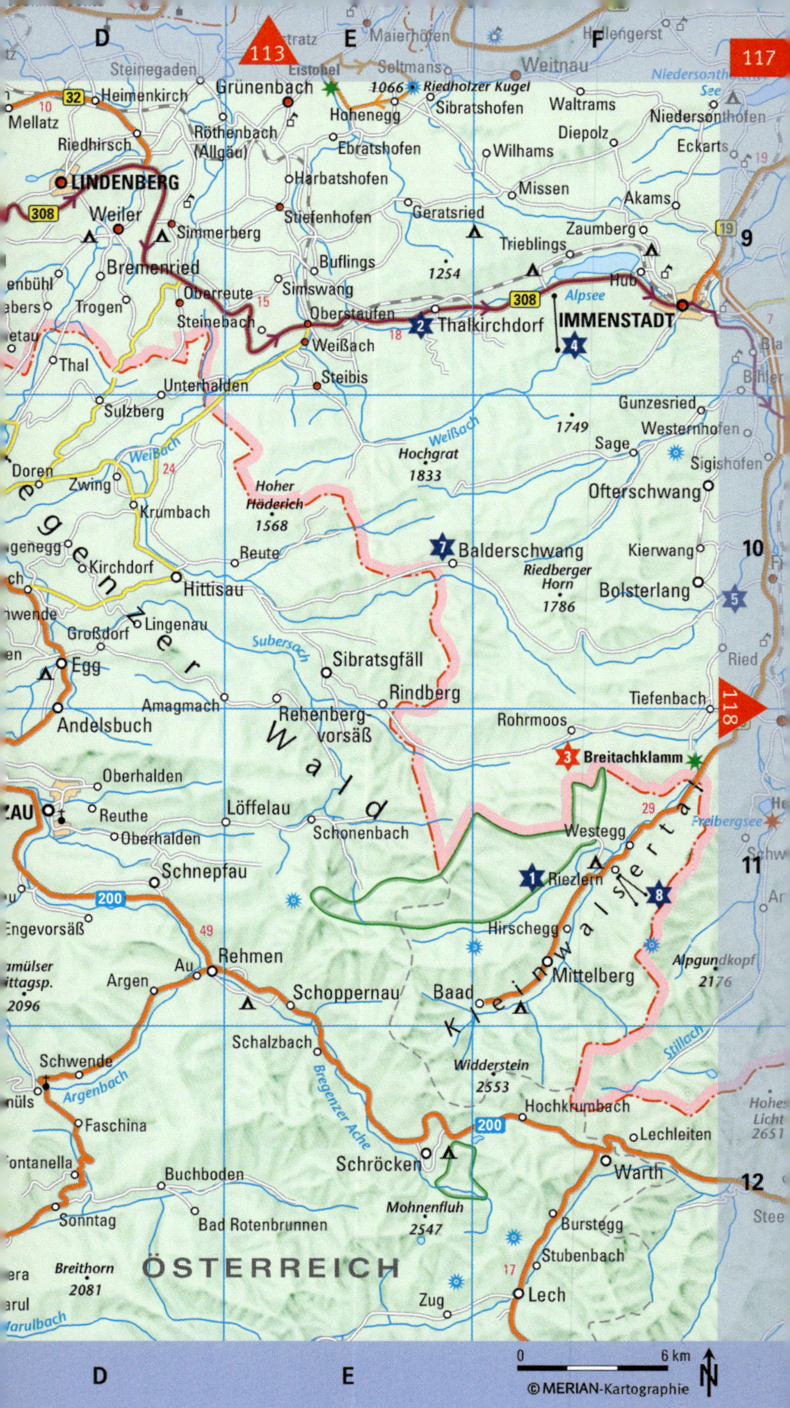
D
E
F
113
118
9
10
11
12
Heimenkirch
Grünenbach
Riedholzer Kugel
Sibratshofen
Waltrams
Niedersonthofen
Weitnau
Seltmans
Eistobel
Hohenegg
Mellatz
Riedhirsch
Röthenbach (Allgäu)
Ebratshofen
Wilhams
Diepolz
Eckarts
LINDENBERG
Harbatshofen
Missen
Akams
Weiler
Simmerberg
Stiefenhofen
Geratsried
Zaumberg
Trieblings
Bremenried
Buflings
1254
Hub
Oberreute
Simswang
Alpsee
Trogen
Steinebach
Oberstaufen
Thalkirchdorf
IMMENSTADT
Weißach
Thal
Steibis
Unterhalden
Sulzberg
Gunzesried
1749
Westernhofen
Weißach
Hochgrat 1833
Sage
Sigishofen
Doren
Zwing
Ofterschwang
Hoher Häderich 1568
Krumbach
Balderschwang
Kierwang
Reute
Kirchdorf
Riedberger Horn 1786
Hittisau
Bolsterlang
Lingenau
Großdorf
Subersach
Sibratsgfäll
Ried
Egg
Rindberg
Tiefenbach
Amagmach
Rehenberg-vorsäß
Rohrmoos
Andelsbuch
Bregenzer Wald
Breitachklamm
Oberhalden
Reuthe
Löffelau
Schonenbach
Westegg
Freibergsee
Schnepfau
Riezlern
Kleinwalsertal
Engevorsäß
Hirschegg
Rehmen
Au
Argen
Schoppernau
Baad
Mittelberg
Alpgundkopf 2176
2096
Schalzbach
Stillach
Schwende
Widderstein 2553
Argenbach
Bregenzer Ache
Faschina
Hochkrumbach
Lechleiten
Fontanella
Schröcken
Warth
Buchboden
Sonntag
Mohnenfluh 2547
Bad Rotenbrunnen
Burstegg
Stubenbach
Breithorn 2081
ÖSTERREICH
Lech
Zug
0
6 km
© MERIAN-Kartographie

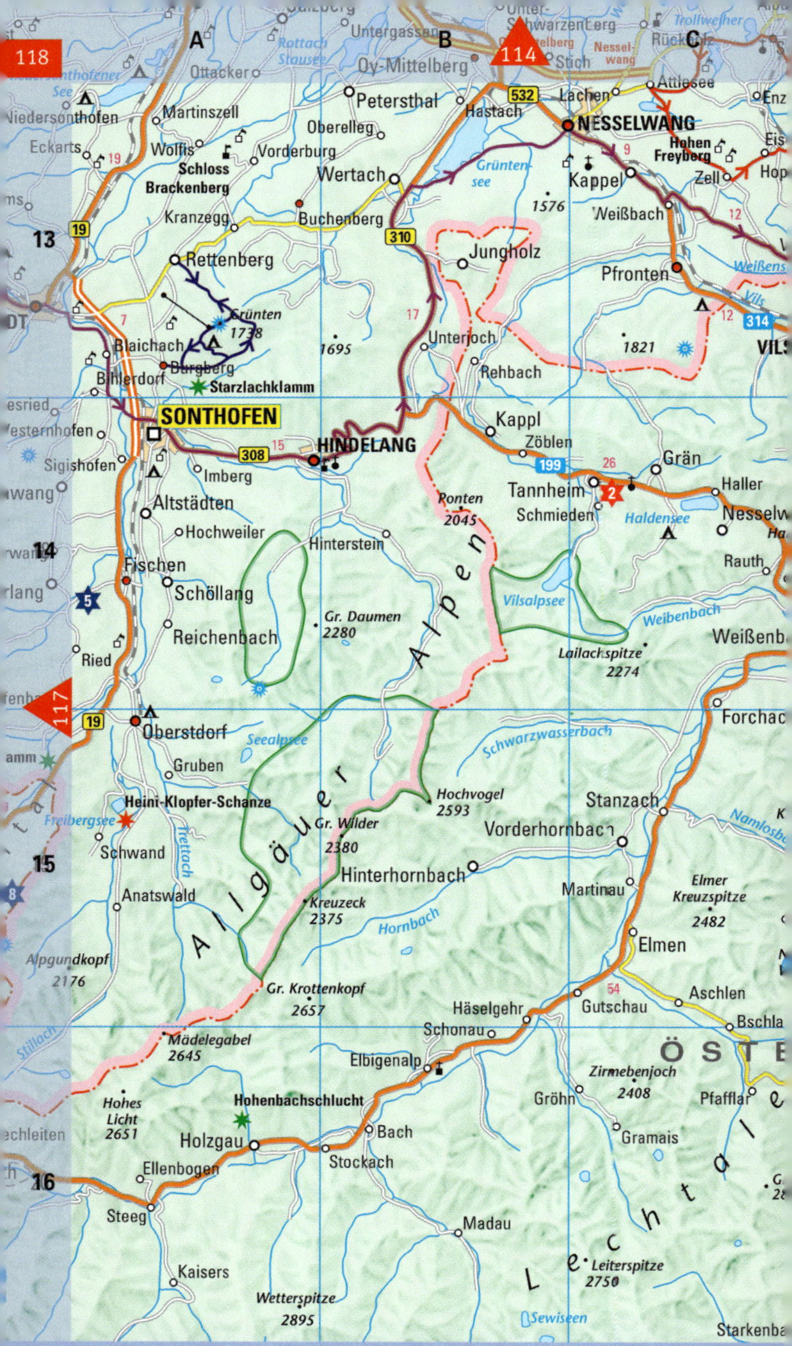
114
117
A
B
C
13
14
15
16
Oy-Mittelberg
Petersthal
Hastach
Lachen
Attlesee
NESSELWANG
Hohen Freyberg
Zell
Kappel
Weißbach
Pfronten
Martinszell
Oberelleg
Wolfis
Schloss Brackenberg
Vorderburg
Wertach
Grüntensee
Kranzegg
Buchenberg
Rettenberg
Jungholz
Grünten 1738
1695
1576
1821
Unterjoch
Rehbach
Blaichach
Burgberg
Bihlerdorf
Starzlachklamm
SONTHOFEN
HINDELANG
Imberg
Kappl
Zöblen
Grän
Tannheim
Schmieden
Haller
Haldensee
Altstädten
Hochweiler
Hinterstein
Ponten 2045
Fischen
Schöllang
Reichenbach
Gr. Daumen 2280
Vilsalpsee
Weißenbach
Rauth
Ried
Lailachspitze 2274
Oberstdorf
Forchach
Seealpsee
Schwarzwasserbach
Gruben
Heini-Klopfer-Schanze
Freibergsee
Schwand
Trettach
Hochvogel 2593
Gr. Wilder 2380
Stanzach
Vorderhornbach
Hinterhornbach
Martinau
Elmer Kreuzspitze 2482
Anatswald
Kreuzeck 2375
Hornbach
Elmen
Allgäuer Alpen
Alpgundkopf 2176
Gr. Krottenkopf 2657
Häselgehr
Gutschau
Aschlen
Bschlabs
Schonau
Mädelegabel 2645
Elbigenalp
Zirmebenjoch 2408
Gröhn
Pfafflar
Hohes Licht 2651
Hohenbachschlucht
Bach
Gramais
Holzgau
Stockach
Ellenbogen
Steeg
Madau
Lechtal
Kaisers
Leiterspitze 2750
Wetterspitze 2895
Sewiseen
Starkenbach
Sigishofen
Eckarts
Niedersonthofen
Ottacker
Untergassen
Stich
19
308
310
314
199
532

A B C

D
E
F
115
13
14
15
16
Roßhaupten
Birnbaum
Reithen
Altenau
Thal
Trauchgau
Unternogg
Lechsee
Ammer
Dietringen
Greith
Hohe Bleick
1638
Scherenau
Rieden
Forggensee
Buching
Unterammergau
Hopfen
Hopfensee
Ach
Brunnen
Bannwaldsee
Eschach
Horn
Schwangau
FÜSSEN
Tegelbergbahn
Linderhof
Graswang
Bad Faulenbach
Schwansee
Neuschwanstein
Hochplatte
2082
Hohenschwangau
Alpsee
Pinswang
Säuling
2047
Kreuzspitz
2185
Kreuzkopf
1910
Geierköpfe
2161
Friederspitz
2049
Pflach
Oberletzen
Erzbach
Breitenwang
Wängle
Reutte
Plansee
Ehenbichl
Hornberg
Plansee
Grainau
Heiterwanger See
Eibsee
Zugspitzbahn
2278
Heiterwang
Blattberg
2248
Daniel
2342
Rieden
Bichlbach
Obermoos
Zugspitze
2963
Lähn
Rotlech
Berwang
Rinnen
Grundbach
Bichlbächle
EHRWALD
2679
Groben
Lermoos
Hof
Anrauth
Mitteregg
Roter Stein
2369
Kelmen
Weißensee
Seebensee
Drachensee
Hochplattig
2759
Namlos
Alpen
Wanneck
2495
Wildermieming
Hint. Heiterwand
2615
Nassereith
Mieming
Dormitz
Obsteig
REICH
Holzleitner Sattel
1126
Gebradstein
Obtarrenz
Biger- (Gurgl-) bach
Inn
Mötz
Rietz
Strad
Haiming
Silz
Staudach
Stams
Tarrenz
Schloss Petersberg
Tschirgant
2372
Gwiggen
IMST
Ötztal
Ötztal-Brunau
Wald
Mareil
Gunglgrün
Karrösten
Karres
Imst-Pitztal
Roppen
Mils
Imst-Au
Au
Arzl
Imsterberg
Hoheneck
Ötz
Acherkogel
3008
Kühtai
Saurs
Wald
Sautens
17
34
12
28
187
314
19
189
25
A12
19
981
171
0
6 km
N
© MERIAN-Kartographie

Hier finden Sie alphabetisch aufgeführt alle in diesem Band beschriebenen Sehenswürdigkeiten und Museen, Hotels (H) und Restaurants (R). Außerdem enthält das Register wichtige Stichworte sowie alle MERIAN-TopTen und MERIAN-Tipps dieses Reiseführers. Wird ein Begriff mehrfach aufgeführt, verweist die **fett** gedruckte Zahl auf die Hauptnennung im Band, eine *kursive* Zahl auf ein Foto.

Liebe Leserinnen und Leser,
wir freuen uns, Ihre Meinung zu diesem Reiseführer zu erfahren. Bitte schreiben Sie uns, wenn Sie Berichtigungen und Ergänzungsvorschläge haben oder wenn Ihnen etwas besonders gut gefällt:

TRAVEL HOUSE MEDIA GmbH, Postfach 86 03 66, 81630 München
E-Mail: merian-live@travel-house-media.de, Internet: www.merian.de

Die Autoren
Diesen Reiseführer schrieb **Wolfhart Berg.** Nach einer Überarbeitung von Horst-Hennek Rohlfs, Diplom-Geograph und Autor anderer Reiseführer, hat **Birgit Chlupacek** die Aktualisierung übernommen. Die gebürtige Kemptenerin lebt und arbeitet als Redakteurin in München und ist auch als Journalistin und Autorin tätig. Über ihre Heimat, das Allgäu, hat sie vielfach berichtet.

Bei Interesse an Karten aus MERIAN-Reiseführern schreiben Sie bitte an:
iPUBLISH GmbH, geomatics
Berg-am-Laim-Straße 47
81673 München
E-Mail: geomatics@ipublish.de

Fotos
Titelbild: Allgäuer Bub bei der Viehscheid (Bildagentur Huber); Allgäu Marketing GmbH 7, 10/11, 14, 17, 20, 22, 24, 40, 44, 47, 56, 58, 67, 86; Archiv Allgäuer Kamelfarm 28; Archiv Hofgut Kürnach 39; Archiv Hotel Hubertus 46; Archiv Hut-Museum 92; Archiv Kanzelwandbahn 49; Archiv Steigenberger 71; Archiv Wasserwerke 60; Das Fotoarchiv/Riedmiller 98; F. M. Frei 9, 18; U. Haafke 90; Bildagentur Huber 52; Gourmet Picture Guide/Jalag 64; Greune/look 50; Kletterwald Bärenfalle 27; Kurverwaltung Oberstdorf 48; R. Mayer 82, 96, 97, 102/103; A. Riedmiller 30/31, 75, 79, 84; M. Schmidt 4/5, 8, 12, 35, 76; G. Strandl 51; tigital 32, 68, 94; H. Wagner 16, 36, 42, 59, 63, 65, 80, 100

Programmleitung
Susanne Böttcher
Redaktion/Lektorat
Birgit Chlupacek/Rosemarie Elsner
Gestaltung
wieschendorf.design, Berlin
Karten
MERIAN-Kartographie
Produktion
Martina Müller
Satz
Filmsatz Schröter, München
Druck Appl, Wemding
Bindung Auer, Donauwörth
Gedruckt auf
Nopacoat Edition von der Papier Union

1. Auflage
ISBN (10) 3-8342-0094-8
ISBN (13) 978-3-8342-0094-5

TRAVEL HOUSE MEDIA

Ein Unternehmen der
GANSKE VERLAGSGRUPPE

Allgäu

MERIAN-Tipps

Tipps und Empfehlungen für Kenner und Individualisten

1 Hotel Jagdhof in Riezlern
Die perfekte Bleibe auf Zeit für Langschläfer oder Frühaufsteher, Familien, Wellness-Fans und Bergfreunde (→ S. 13).

2 Ringhotel Traube
Vergessen Sie alles, was Sie über Gourmetküche wissen: Hier in Thalkirchdorf werden Sie Neues entdecken (→ S. 15).

3 Kunsthandwerkermarkt
Auf dem Kaufbeurer Martinsplatz zeigen jährlich im Mai besondere Künstler und Handwerker ihr Können (→ S. 19).

4 Kletterwald Bärenfalle
Ein Hochseilgarten hoch über dem Alpsee – für kleine und große Kraxler (→ S. 26).

5 Der Allgäu-Scout
Nahe Fischen im Oberallgäu bei Wildnis-Workshops die Kraft der Natur und sich selbst wiederentdecken (→ S. 29).

6 Residenz Hofgut Kürnach
Das ehemalige Jagdschloss Kemptener Fürstäbte ist heute eine Residenz zum Wohlfühlen und Genießen (→ S. 38).

7 Hotel Hubertus
Der Balderschwanger Familienbetrieb lädt zu kulinarischen wie unterhaltsamen Exkursen ein (→ S. 46).

8 Dinner in der Kanzelwandbahn
Im Lauf der Berg- und Talfahrt(en) speisen Sie fünf wunderbare Menü-Gänge (→ S. 49).

9 Naturlehrpfad Via Aqua
Auf einem interessant gestalteten Rundkurs erfährt man Altes und Neues über den Rohstoff Wasser (→ S. 61).

10 Isny Opern-Festival
Jeden Sommer treffen sich hier die Newcomer der klassischen Musikszene – ein Ohrenschmaus (→ S. 87).

← MERIAN-TopTen finden Sie auf Seite 1